정치적 상상력

동대문 구민과 서울시민이 함께 꿈꾸는

정치적 상상력

맹진영 지음

모아북스
MOABOOKS

이 글은 회기동, 휘경동, 이문동 지역주민의 과분한 신뢰와 성원으로 서울시의원이 된 저의 활동에 대한 일종의 보고서입니다. 저는 존경하는 우리 지역 안규백 국회의원의 지론처럼 "정치는 사람에 대한 사랑의 실천이며 이웃과 타인의 어려움과 고통에 대한 공감과 책임이다." 고 생각합니다. 이들의 고통과 어려움을 함께 극복하려는 책임과 윤리의식은 나 자신의 자유만큼이나 소중합니다. 아울러 정치는 자유, 평등, 평화, 생명, 행복 등 인류의 보편적 가치를 실천하는 일"이어야 합니다.

저는 한반도의 땅 끝인 해남에서 5남 2녀의 막내로 태어났습

니다. 제 고향은 작은 야산과 완만한 구릉지 사이에 논과 밭이 번갈아 펼쳐지고 바다와 갯벌이 어우러져 농산물과 수산물이 풍부한 아름다운 곳입니다.

자영농 집안 7남매의 막내로 가족의 따뜻함과 이웃 어른들의 많은 사랑을 받으며 자랐습니다. 아버지는 제가 어릴 때 돌아가셔서 아버지에 대한 추억은 거의 없습니다. 그러나 나이 차이가 큰 형이 넷이어서 아버지의 부재에 대해서는 크게 느끼지 못하고 자랐습니다. 어머니는 자애롭지만, 자식들의 잘못된 행동에는 매우 엄격하셨습니다. 할머니는 여느 할머니들처럼 손주들에 대해 한없이 너그러운 분이셨습니다. 바로 위로 누나 두 분은 농사일로 바쁜 어른들을 대신해서 어린 저를 보살폈기 때문에 지금도 늘 애틋합니다.

고향 동네가 세상 전부인 것처럼 자라 중학교를 졸업하고 광주항쟁 이듬해에 광주로 유학을 갔습니다. 광주는 시골 출신인 제가 처음 접한 경이로운 도시였지만, 1980년 광주 민주화 항쟁의 보이지 않는 상처가 곳곳에 서려 있었습니다. 고등학교를 다니면서 만난 친구와 선후배들과의 우정과 인연은 지금도 커다란 인생의 자산이 되고 있습니다.

고등학교를 졸업하고 대학 진학을 뒷받침하기에는 시골 살림으로는 쉽지 않은 형편이었습니다. 집안에서는 학비 부담이 없고 취업이 보장되는 세무대학에 진학하기를 바랐습니다. 그러나 단 한 번도 생각해 본적이 없는 진로를 받아들이기 어려웠던 저는 집안의 도움 없이 원하는 대학을 진학하겠다고 했습니다. 세무대학에 합격하고 면접을 가지 않고 장학생으로 진학할 수 있는 성균관대에 응시했습니다. 집안의 반대를 무릅 쓴 쉽지 않은 선택이었지만 대학과 진로는 스스로 결정했습니다.

제가 대학에 진학할 무렵, 전두환 정권은 대학의 학원 자율화를 수용하며 유화적 체제로 전환하는 시기였습니다. 대학 내의 잠재된 민주화의 열망이 폭발하던 시기에 저는 자연스럽게 학생 운동에 동참하게 되었습니다. 정당성이 없는 전두환 정권에 대항하는 것은 대학생의 의무라고 생각했습니다. 낯선 서울 생활과 생활비도 불투명한 나의 미래도 모두 민주화 운동 이후의 일이었습니다.

이 와중에 1984년 11월 당시 집권당인 민정당사 농성에 참여하였고 1986년 2월 서울대학교 연합 시위 사건으로 구속되었습니다. 그 해에 교통사고를 당해 1년간 투병 생활을 했습니다. 치료 후에도 장애가 예상되었고 뺑소니 사고로 치료비도 걱정이었습니다. 힘들게 투병하면서 인내도 배웠고 대학 생활도 되돌아보는 계기가 되었습니다. 교통사고로 활동이 자유롭지 못한 그 해 호헌 철폐와 대통령 직선제를 요구하는 6월 항쟁이 있었습니다. 6월 항쟁은 저에게도 인생의 전환점이 되었습니다. 사회개혁을 위해 현장 활동가가 되려고 했던 진로를 수정하여 학자가 되기 위해 대학원에 진학하였습니다. 당시 독일에서 유학을 하고 돌아와서 강의를 했던 서규환 선생님의 박식함과 합리적인 세계관은 저에게 새로운 세계였고 충격이었습니다.

이후 학부와 대학원 재학 시절에도 서규환 선생님은 후배와 제자들에게 수년간 세미나 지도와 토론을 이끌어 주었습니다. 석사과정은 사회과학 연구소 조교로 근무하면서 학위를 마칠 수 있었습니다. 학생 운동을 하던 시기에 시골집에 경찰이 자주 찾아오고 이런 나를 두고 볼 수 없었던 어머니가 대학 2학년 때부터 서울에 올라오셔서 뒷바라지를 하셨습니다.

정권에 대항하는 것은 "계란으로 바위치기다", "절대 관(官)은 못 이긴다"는 우리 어머니 말씀은 당시 모든 학생 운동을 하던 부모의 마음이었고 이 말을 거스리고 학생 운동을 하던 우리는 개인적으로는 모두 불효자였습니다. 그러나 자식 이기는 부모는 없다고 자식들이 구속되고 박해를 받으면 부모는 자식 편에 서게 됩니다.

대학원 석사과정을 마치고 여러 가지 아르바이트를 하면서 학업을 계속하려고 했으나 녹녹하지 않았습니다.. 막내 자식을 위해 새벽부터 농장에 나가 일을 하시는 연로하신 어머니를 더 이상 외면할 수도 없었습니다. 학자가 되기 위해 수년간 공부에만 전념할 수 없었고 생계도 꾸려 나가야 할 처지였습니다. 취업을 하려고 많은 회사에 응시했으나 당시에는 대단하지도 않은 학생운동 경력이 문제가 되어 입사가 취소되기도 하였습니다. 이후 리서치회사 연구원으로 근무하기도 하고, 아르바이트로 학원 강사, 학습지 출판 등의 교육 사업에 전념하였습니다. 사업을 위해 이윤의 눈으로 아이들을 바라보지 않았고 한국 교육의 문제점을 되짚어보게 되었습니다.

정의롭고 공정한 대한민국과 동시대인인 우리 국민의 삶의 질을 높이는 사회적인 삶을 살겠다는 생각은 확고했지만, 현실 정치에 참여할 생각은 전혀 없었습니다. 삶이 항상 자신의 의지와 의도대로 이어지지는 않는 듯합니다. 무엇보다 현실 정치에 참여 하게 된 계기는 선배인 안규백 의원의 비서관으로 근무하면서 부터입니다. 안규백 의원은 저의 고등학교와 대학의 선배님으로 저가 어렵고 힘들 때 늘 손을 내밀어 물심양면으로 도와주신 고마운 분입니다. 안규백 의원님은 따뜻한 인품과 풍부한 정치적 경륜으로 늘 저에게 방향과 길을 제시해 주셨습니다. 비서관 시절 동대문 지역의 많은 분과 만나면서 지방자치와 지방의원의 중요성을 실감할 수 있었습니다.

2013년 말 서울시의원으로 출마를 준비하라는 안규백 의원의 뜻에 상당히 오랜 기간 깊이 고민했습니다. 만나는 사람 모두 정직하고 진정성 있게 대할 수 있을까? 부당하고 불공정한 현실을 끈질기게 개선할 의지가 있는가? 효율적인 정책수립 능력과 의사소통 능력, 추진력은 있는가? 고민 끝에 사회적 삶을 살겠다는 생각을 굳히고 출마하여 당선되었습니다. 서울시는 우리가 피상적으로 알고 있는 것보다 훨씬 큰 예산과 조직을 지닌 작은 정부라 할 수 있습니다.

서울시 예산 32조, 교육청 예산 9조와 기금을 포함해 43조에 이르는 예산과 18,000명의 공무원들이 소속된 지방 정부입니다. 처음 의정활동을 시작하면서 의회 운영이나 시의 정책 결정 과정, 예산, 그리고 소관 기관의 업무를 익히는 것이 우선이었습니다. 저는 시의 정책과 예산, 일자리와 경제정책 전반을 관장하는 기획경제위원회를 상임위로 선택했습니다. 기획경제위원회는 서울시 시정 전반에 대한 정책과 예산을 담당하는 기조실, 경제 정책을 총괄하는 경제진흥본부, 일자리 창출과 노동문제를 담당하고 있는 일자리 노동국을 주요 소관기관으로 하는 상임위원회입니다.

산하기관으로 있는 서울시립대, 서울연구원, 신용보증재단, 산업진흥원, 농수산식품공사, 4개의 기술교육원 등은 시민생활과 밀접한 중요한 기관들입니다. 상임위 활동과 함께 민주당원내 대표단의 정책부대표와 운영위원회, 정책위원회, 예산결산위원회위원, 결산검사위원회대표위원 등 다양한 의정활동 경험을 쌓았습니다. 행정경험이 많은 집행부 간부들을 상대로 질의하기 위해서는 더 많은 준비가 필요했습니다. 담당 업무에 관련된 자료, 보고서만을 읽는 데도 많은 시간이 소요됩니다. 여러 날을 의회에서 밤을 세워가며 자료를 검토하고 준비하여 합리적인 질의와 대안 제시를 위해 노력했습니다.

의정 활동을 하다보면 늘 시간이 부족합니다. 주어진 자료만을 소화하는데도 시간이 부족하여 새로운 지식을 습득하고 대안을 제시하기 어렵습니다. 더 나은 의정활동을 위해서 좀 더 체계적인 공부가 필요했습니다. 이를 위해 서울시립대 행정학과 박사과정에 진학하여 지난해에 수료하였습니다. 야간이나 주말에 강의 수강을 하면서 지역 활동이 모두 끝난 밤 9시 이후에는 시립대 도서관에서 밤늦게까지 공부했습니다. 힘들지만 쓰임이 분명한 공부라서 행복했습니다.의정활동의 다른 큰 한 축은 저를 선택해준 지역구민을 위한 활동입니다. 지역 현안을 잘 파악하기 위해서 지역 행사나 모임에도 부지런히 참석하고 주민들과 소통해야 했습니다. 저의 지역구는 동대문 제2선거구로 회기동, 휘경1·2동, 이문1·2동 지역입니다. 배봉산과 천장산, 그리고 중랑천이 감싸고 있는 아름다운 곳으로 경희대, 외대, 시립대와 삼육보건대학이 있고 회기동과 홍릉 주변에는 많은 국책 연구기관이 있습니다.

대학생과 젊은이들이 많은 서울 동북권의 중심지로 발전 잠재력이 풍부한 역동적인 지역입니다. 주거 형태는 아파트보다는 단독이나 다세대 빌라가 많습니다. 대부분 지역이 오래 전에 재개발 지역으로 지정되었으나, 지체되는 바람에 노후화되고 정체되었습니다. 교통 면에서는 1호선 전철이 생활공간을 양분하고 있고 곳곳에 아직도 철도 건널목이 산재해 있습니다. 주거 환경과 교통 체계의 개선이 시급하게 필요한 지역이지만 주민들은 정이 많고 공동체적 정서가 강한 인간미가 넘치는 지역입니다. 주민들은 정치인들이 선거 때만 나타나서 뽑아달라고 인사하고, 당선되고 나면 코빼기도 보기 어렵다고 합니다. 처음에는 이런 소리를 듣지 않으려고 다니던 지역 모임에 시간이 지나면서 다른 의미로 다가왔습니다.

이제는 지역주민들께 인사하고 만나는 일이 단순한 의무감이 아니라 주민의 진정한 목소리를 듣는 소통의 장이며 기쁨이기도 합니다. 그러나 뒤돌아보면 주민들은 더 많은 소통을 원했고 저 자신 최선을 다했는지 반성하게 됩니다. 시의원으로 공직 활동을 하면서 개인적으로도 많이 성장하였다고 스스로 느낍니다. 서울시의 정책과 예산, 집행 기제 등을 이해하며 구체적인 사안에 대안 정책과 대안에 대해서도 상당한 자신감이 생겼습니다. 어떤 분야의 전문가이든 초선 의원이 의정 활동을 잘하려면 2년 정도의 학습과 경험이 필요한 것 같습니다. 저는 다음과 같은 분야에 특히 관심을 가지고 의정활동을 해왔습니다.

첫째, 사회 양극화 해소와 좋은 일자리 창출에 대한 정책입니다.

우리 사회의 일자리는 정규직과 비정규직, 그리고 자영업자가 비슷한 정도로 삼분되어 있습니다. 아시다시피 정규직과 비정규직은 동일한 노동에도 불구하고 급여가 2배나 차이가 납니다. 또 정규직 내에서 대기업과 중소기업의 격차도 마찬가지입니다. 일자리가 부족해 생계형 창업에 내몰리게 된 자영업자도 약 27%를 차지하고 있습니다. 부족하고 불공정한 일자리구조와 부의 불평등으로 인한 사회 양극화가 점점 심화되고 있습니다. 이런 현상은 1997년 IMF 체제 이후 신자유주의 체제의 도입으로 더욱 강화시켰습니다.

사회 구조가 만들어 낸 이러한 불공정한 일자리 구조는 개선되어야 합니다. 국민은 불평등 자체보다는 불공정한 사회구조에 분노합니다. 중앙 정부는 물론이고, 서울시 등의 지방 정부 차원에서도 이러한 불공정한 구조를 개선하고 좋은 일자리를 창출하기 위해 적극적으로 노력해야 합니다.

저는 비정규직의 정규직화, 생활임금 도입, 뉴딜 일자리 사업, 사회적 경제 활성화, 중소기업과 소상공인지원, 창업지원과 4차 산업혁명에 부응하는 일자리 창출, 서울시의 우수정책 수출을 통한 일자리 창출 등을 적극 지원하고 경제 민주화 위원으로 활동 하면서 사회적 약자를 보호하고 부당한 갑의 횡포를 차단하기 위해 노력했습니다.

둘째, 교육이 최우선이라는 처음의 약속에 따라 지역 교육환경 개선과 발전을 위해 노력하였습니다. 우리 아이들이 행복한 교육을 위해서는 학부모가 깨어 있어야 할 뿐 아니라 마을과 공동체가 함께 나서서야 합니다. 지역의 교육발전에 열의가 높으신 유덕열 구청장님과 긴밀히 협의하여 동대문구를 교육 혁신 지구로 지정하고 다양한 교육 사업이 이루어지도록 했습니다.

동대문구 교육발전협의회 구성 등 다양한 학부모 네트워크를 구축하였고 학부모를 대상으로 자녀를 위한 진로 · 진학교육을 실시했고 학생들의 다양한 입시 상담을 상시적으로 진행할 수 있도록 동대문구 진로진학센터도 설립했습니다. 동대문구민을 대상 다양한 인문 강좌와 시민대학 활성화, 지역 공동체 모임 및 학습을 위한 포럼 등을 함께 추진했습니다.

우리 지역에는 경희대, 외국어대, 시립대 등의 대학과 홍릉 지역의 국책 연구 기관 등의 교육과 연구 인프라가 풍부해 지역 사회와의 연계를 강화하고 이를 잘 활용하면 획기적인 교육 환경의 개선이 가능합니다. 지역 대학생과 중고생들과의 멘토-멘티 사업, 대학과 지역 사회의 협력을 강화하여 주민을 위한 대학 도서관과 학교 시설 개방, 대학과 지역주민이 함께하는 지역 축제 등을 추진했습니다. 지역 초 · 중 · 고의 교육환경과 시설 개선을 위한 예산 확보에도 최선을 다했습니다.

셋째, 우리 상임위 소관기관 중 서울 농수산식품공사, 서울산업진흥원, 서울신용보증재단, 서울연구원, 서울시립대 등에도 각별한 관심을 갖고 활동하였습니다. 농수산식품공사의 가락동 시장은 서울시민의 먹거리 절반이 유통되고 현재 시설 현대화 사업과 거래제도의 도입 등 중대한 변화의 갈림길에 서 있어 소위원회 구성, 시정 질문 등을 통해 지속적으로 문제점을 지적하고 시정을 요구했습니다. 서울시의 주요한 경제 정책을 실행하고 자금을 지원해주는 산업진흥원과 신용보증재단, 서울의 주요한 정책을 연구, 입안하는 서울연구원과 지역구에 위치한 서울시립대 등에도 각별한 애정을 가지고 활동해왔습니다.

시민의 대표인 시의원은 집행부 공무원들이 시민이 행복한 서울을 위한 다양한 의견 수렴과 정책 수립, 정책 집행을 충실히 집행하도록 감시하고 견제해야 합니다. 그러기 위해서는 집행부 공무원보다도 전문성과 열의가 뒤떨어지지 않도록 늘 공부하고 시민들의 다양한 민원과 의견을 경청하고 소통해야 합니다. 과연 이러한 당위와 주민의 기대에 부응했는지 부끄러운 마음이 앞서지만, 더 나은 실천을 약속하고 결의하는 차원으로 저의 출간을 이해하여 주시기 바랍니다.

맹진영

| 2장 |
가장 지방적인 것이 가장 세계적인 것

| 부록 |

새로운 사회운동을 논하다

1장

더불어 사는
따뜻한
공동체로!

01.
사회적 양극화를 위한 대안, 경제민주화

- 금수저는 돈잔치, 흙수저는 빚잔치

암울한 현실 풍자하는 세태 풍자어 유행
수저론, 헬조선, N포세대...
낙수효과도 한계에 도달

요즘 사람들 입에서 가장 많이 오르내리는 화두는 무엇일까
요? 금수저, 흙수저라는 수저론과 헬조선, N포세대 등과 같이
우리 사회를 암울하게 풍자하는 자조적 유머가 유행하고 있습
니다. 이러한 세태 풍자어가 많은 사람의 공감을 사고 있으며
그 말은 결국 우리 사회의 양극화, 불평등이 심각하다는 것을
가리킵니다.

우리 사회의 사회적, 경제적 양극화는 개인에 머물지 않고 가
정으로, 세대로, 사회 전체로 확대 심화하면서 사회 통합을 무
너뜨리고 있습니다. 그동안 대기업을 중심으로 한 성장 위주의
경제정책은 산업화 시절에는 성공을 거두었으나 이제는 대기
업의 이윤은 늘어도 투자와 고용은 줄어들고 있어 이른바 낙수

효과(Trickle Down Effect) 무용론이 제기되고 있습니다.

더욱이 고품질 서비스와 가격 경쟁력으로 중무장한 대기업은 골목상권까지 진출하면서 소상공인들의 생존을 위협하고 있습니다. 과거 지역상권의 침체 문제가 대형마트로 인한 전통시장과 지역상점가에 국한되었다면 이제는 대기업의 무분별한 SSM(Super Supermarket) 출점과 프랜차이즈 사업의 확대로 골목상권의 상인들을 포함하여 지역의 소상공인 대부분이 경영에 어려움을 겪고 있습니다. 또한, 부당한 납품단가 후려치기와 기술탈취 등의 불공정 거래 관행이 하도급 거래관계를 비롯하여 대리점, 가맹점 거래관계 등 우리 경제 전반에 이른바 갑을 관계로 불리우는 불합리한 문화가 뿌리깊게 자리잡고 있습니다. 지역경제 전체가 특히, 골목상권에서 부터 근간이 흔들리고 있습니다.

과도한 경쟁지상주의와 강한 승자가 모든 것을 차지하는 승자 독식의 문화, 우리 사회에 만연한 경제적 불평등과 불균형, 불공정 관행은 이제 개인이 극복할 수 있는 수준을 넘어서 전사회적, 전 국가적인 문제가 되었습니다.

그동안 성장만을 위하여 달려온 경제정책은 고용 없는 성장, 분배 없는 성장으로 한계를 들어내고 있으며, 불평등하고 불공평한 사회로의 이행을 더욱 가속하고 있어 이제는 패러다임의 전환이 필요합니다.

- 다함께 잘사는 사람 중심의 경제도시, 경제민주화 특별시 서울!

대 · 중소기업 간 상생의 동반성장
경제주체 간 공정 질서 확립
노동의 존엄성 보장

서울시는 양극화에 대한 새로운 패러다임으로 '경제민주화'를 제안하였습니다. 대한민국 헌법 제119조 제2항은 "국가는 균형 있는 국민 경제의 성장 및 안정과 적정한 소득의 분배를 유지하고, 시장의 지배와 경제력의 남용을 방지하며, 경제 주체 간의 조화를 통한 경제의 민주화를 위하여 경제에 관한 규제와 조정을 할 수 있다."라고 명문화하고 있습니다. 이를 근거로 종전부터 경제민주화에 대한 논의와 주장들이 제기되어 왔습니다.

하지만 경제민주화는 그 개념이 구체적으로 정립되지 않아 경제민주화 정책의 범위와 실현 방법 세부적인 내용에 있어 주체별로 차이를 보입니다. 특히 서울시와 같은 지방자치단체에서는 무엇보다 경제민주화의 주된 목적이 경제적 불균형과 불공정한 거래관행을 개선하고 경제적 약자를 보호하는 것이라는 점에서 특정 경제 주체에 대한 권리 제한 또는 의무 부과라는 방식으로 그 내용이 귀결될 여지가 많습니다. 이에 따른 법령의 위임이 없는 경우에는 경제민주화 정책과 이에 대한 조례

제정은 불가능한 것도 사실입니다.

하지만 서울시는 이런 논란들을 최소화하고자 '대·중소기업 간 상생의 동반성장, 경제 주체 간 공정한 질서 확립, 노동의 존엄성 보장' 이라는 세 가지 목표를 서울시의 경제민주화 정책에 대한 근간으로 정하였습니다. 분야별 실천 과제를 발굴하고 개선방안을 도출하는 등 서울시의 경제민주화 정책을 총괄하는 경제민주화위원회를 신설하였습니다. 경제민주화위원회는 경제와 민생정책에 대한 전문가, 시민단체의 활동가 등 20명이며, 저는 서울시의회를 대표하는 위원으로 참여하였습니다.

저는 경제민주화위원회 위원으로 활동하면서 서울시의 경제민주화 정책이 추상적인 논의만 오가는 선언적 수준의 말뿐인 잔치로 끝나는 것을 가장 경계하였습니다. 다행히 위원회 역시 이런 부분에 대한 공감대가 있어 경제적 관계에서 약자의 위치에 있는 중소기업과 소상공인 및 서민의 입장에서 체감할 수 있는 정책과 사업을 발굴하고자 노력하였습니다.

이런 취지에서 발굴한 대표적인 생활밀착형 정책들을 예를 들면 소상공인의 창업지원부터 폐업상담까지 전 과정을 담당하는 자영업지원센터의 설치, 젠트리피케이션 방지를 막아 임차인과 상생협약을 체결한 임대인을 지원하는 장기안심상가 사업, 서울시와 자치구 내 비정규직의 정규직화 등과 같은 사업이 있습니다.

또한, 젠트리피케이션 문제를 근본적으로 해결하기 위하여 임대료 증액 한도를 설정하는 방안은 법·제도상의 제한으로 지방자치 단체의 권환을 넘어서는 영역이므로 국회와 관련 부처에 적극적으로 입법 건의를 하였습니다. 이 중 서울시의 건의내용이 받아들여져 프랜차이즈 인테리어 공사에 대한 경쟁입찰을 확대하도록 「가맹사업 거래의 공정화에 관한 법률」이 개정되었습니다.

서울시의 경제민주화는 중앙정부의 경제민주화 정책이 이념적 대립이라는 논란으로 진전이 없을 때 법률에 따라 제한된 권한을 가진 지방자치단체에서 거대 담론이나 정책이 아닌 당사자들이 체감할 수 있는 구체적인 실천과제를 통하여 경제민주화를 실현하였다는 점에 의의가 있습니다. 앞으로도 서울시 경제민주화 이행성과를 측정할 수 있는 지수를 개발하여 서울시의 경제민주화 정책이 성공적으로 지속적으로 추진되도록 노력하겠습니다.

02.
서울시립대의 사회 공익실현에 앞장서다

- 서울시립대 반값 등록금의 가치

국내 최초 반값등록금 실시!
사회공헌활동으로 앞장서는 대학
등록금 대출자 수 50% 이상 감소

서울시립대학교는 중·고등학생들이 가장 가고 싶어 하는 대학 중 하나로 손꼽히고 있습니다. 한때 우리 사회의 핫이슈였던 반값등록금을 첫 번째로 이뤄낸 대학이기 때문입니다. 반값 등록금을 통하여 서울시의회는 시립대학생들에게 안정적이고 지속적인 학업을 보장하는 한편 이런 혜택 등등 사회공헌 활동을 통하여 사회로 환원할수 있도록 노력하고 있습니다. 서울 시립대도 이런 취지에 공감하며 교수, 교직원은 물론 학생들도 각종 봉사활동 등에 적극적으로 참여하여 사회적 책무 실현에 앞장

---

1) 사회공헌 : 비영리단체인 BSR(Business for Social Responsibility)은 기업의 사회적 책임을 "윤리적 가치를 존중하고 사람, 공동체, 그리고 자연환경을 존중하는 방식으로 상업적 성공을 거두는 것" 이라고 정의하고 있음.

서고 있습니다. 특히 서울시립대학교의 우수한 인적자원을 활용하여, 지역사회와 함께하는 재능나눔 봉사활동을 연계 추진하기 위하여 "사회봉사단"을 조직하여 운영하고 있습니다.

〈 서울시립대학교 사회봉사단 조직 체계도 〉

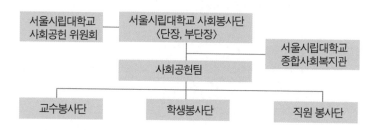

또한, 비교과 교육과정으로 "개인역량 업그레이드 프로그램"을 개발하고 봉사영역을 설정하여 운영하고, "자원봉사 리더십 프로그램"을 신설하여 방학 기간에 학생들이 "자원봉사에 대한 이론적 배경, 프로그램 설계, 기본 소양 등"을 학습할 다양한 기회를 제공합니다. 이로 인해 초기에 1,400명으로 사회공헌 활동에 참여한 학생 수가 큰 호응을 얻어 몇 년 뒤에는 4천여 명으로 확대되었습니다. 특히, 학생들의 전공 및 재능과 연계한 봉사활동을 대폭 지원함으로써 나눔으로 끝나지 않고 자신의 진로에도 긍정적인 영향을 미치는 사회공헌 활동의 모범적인 예가 되고 있습니다.

〈 시립대 사회공헌 활동 참여자 현황 〉

('15년 1월 말 기준, 단위 : 명)

연도	2010	2011	2012	2013	2014
사회공헌 활동 참여자 수	1,649	1,414	3,105	3,985	4,022

서울시립대학교의 면학 분위기는 더욱 좋아졌습니다. 반값등록금 실시로 경제적 부담을 덜어낸 학생들이 수업에 적극적으로 참여할 수 있게 됐습니다. 학비 부담이 적어지면서 경쟁률이 치열해져 학업에 대한 몰입도 역시 높아졌습니다.

또한, 등록금 대출자 수가 50% 이상 감소했습니다. 한국장학재단에 정보공개를 청구한 자료에 따르면, 2007년부터 2011년까지 시립대학교 등록금 대출자 수는 한 학기당 평균 990.1명이었으나, 2012년에는 평균 473명으로 대폭 감소한 것으로 나타났습니다.

재학생 수를 고려하여 계산해보면 2007년 전체 재학생 수의 11%대에서 2012년 2학기는 4%대로 감소했습니다. 물론 이 수치는 절대적이지 않습니다. 한국장학재단이 아닌 다른 금융권에서 대출을 받을 수도 있고, 기타 사설 장학금 혜택을 받는 경우도 있을 것입니다. 하지만 그런 모든 변수를 예외로 하더라도 이 수치에는 분명 큰 의미가 있습니다.

- 사회공헌 활동 지원에 관한 조례 제정

자율성과 자발성을 원칙으로
학생 개인의 보람 외에도 지역 발전 기대효과
다양한 활동을 체계적으로 할 수 있는 조례 제정!

　시립대학교의 반값등록금 실시 이후, 사회공헌 활동에 대한 사회적 수요가 증가하고 있음에도 이를 뒷받침하는 법적 근거가 없어 지역사회가 필요로 하는 사회공헌 활동을 활성화하고 확대하는데 한계가 있어 왔습니다. 이런 문제점을 해결하기 위해 저는 동료 의원들과 합심해서 '서울시립대학교 사회공헌 활동 지원에 관한 조례'를 제정하였습니다.

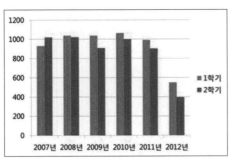

〈 반값등록금 1년, 서울시립대학교 등록금
　대출자 수 50% 감소 〉

시립대의 사회공헌 활동은 대학교 구성원의 자율성과 자발성을 원칙으로 하고, 지속적이고 적극적인 참여를 통한 분위기를 조성하여 사회공헌에 대한 관심과 인식을 높이고 있으며 시립대 학생들이 개인적인 보람 외에도 지역사회 발전과 공동체 문화의 조성 등에 기대효과가 클 것으로 기대합니다.

조례는 시립대의 사회공헌 활동이 산발적이고 이벤트적으로 추진되지 않고 전담 조직과 인력을 통해 체계적으로 관리되도록 하였습니다. 사회공헌 활동 활성화를 위한 서울시의 중요한 책무, 실태조사, 프로그램 개발, 사회공헌 활동 공로자에 대한 포상 등 서울시의 지원사항을 제도화하여 지속적으로 후원할 수 있도록 하였습니다.

〈기획경제위원회 회의록 중에서〉

"저는 지역사회와 소통하고 공유하는 대학 지향에 대해서 중점적으로 말씀드리고 싶습니다. 서울시립대 하면 가장 먼저 떠오르는 것이 반값등록금입니다. 실제로 박원순 시장의 대표적인 공약사항이기도 합니다. 다른 타 대학에 비교해서 반값이지만 사실은 4분의 1 수준의 수업료를 내고 있습니다. 서울시의 예산이 들어가기 때문에 우리 위원회에서도 여러 가지 발언을 통해서 서울시립대의 공공성이라든가 지역사회의 기여도를 강조하고 있습니다.

물론 학생들 입장에서 보면 좀 억울한 측면도 없지 않아 있을 겁니다. 왜냐하면 공부 열심히 잘해서 그런 제도가 있는 학교에 들어간 것이지 다른 대학에 비교해서 무슨 특혜를 받고 입학한 것은 아니니까 그런 측면도 없지 않아 있을 것입니다. 그 다음으로 지역사회나 서울시의 어떤 요구들로 대학 본연의 임무와 배치될 때 구성원으로서는 상당히 곤란한 점들이 없지 않아 있을 것입니다.

그러나 근본적으로 대학은 사회에 기여하고 발전하는 사회 속의 일부이기 때문에 그런 부분에 대해서는 시립대가 좀 선도적인 역할을 했으면 하는 바람을 갖고 말씀을 드리겠습니다. 지역사회와 함께하는 사회공헌 프로그램 활성화 부분인데요. 제가 위원장님의 도움을 받아서 시립대학교 사회공헌 활동 지원에 관한 조례를 이번 회기에 제정하려고 제출해 놓은 상태입니다. 다양한 활동을 좀 더 체계적으로 할 수 있는 조례입니다.

물론 시립대 자체 내에서는 뭐 그런 것을 귀찮게 만들었냐고 생각할 수 있는 여지들이 없지 않아 있겠습니다만, 우리 총장님 처음에 뵈었을 때 공공성이라든가 지역사회에 어떤 공헌이라든가 이런 부분에 대해서 확고하게 신념을 갖고 계셔서 참 훌륭한 분이시구나 이렇게 생각을 했습니다.

어쨌든 학생들이 사회공헌 활동 자체를 하면서 자기 보람도 느끼고 인격적으로도 큰 인물이 될 수 있는 그런 여지를 만들어 주는 좋은 프로그램이고 교육이라고 생각합니다. 그래서 그런 취지를 지속적으로 총장님이 발전시켜 줬으면 좋겠습니다."

Tip

정책만으로 알 수 없는 정치 이야기 : 대학 반값 등록금과 고교 무상교육 정책

저성장·양극화 구조 문제 해결
사람 중심의 경제 패러다임 전환 필요
반값등록금은 미래를 위한 투자!

2017년은 한국 경제에 있어 뜻 깊은 한 해였습니다. 문재인 정부가 들어서면서 저성장·양극화라는 구조적 문제 해결을 위해 '사람 중심 경제'를 지향하는 패러다임 전환의 발판을 마련하였습니다. 2018년 우리나라 1인당 국민소득은 3만 달러를 넘을 것으로 추정되며, 경제 성장률은 2년 연속 3%대 성장이 가능할 전망입니다.

경제 성장은 국민소득을 높이며, 이제 양적인 성장보다는 삶의 질을 높이는데 초점을 맞추어야 합니다. 그러려면 기본적인 생활을 영위해 나가면서도 생계비 지출은 적어야 합니다. 기본적인 생활비가 줄어들면 저성장 사회에서도 삶의 질이 높아져 행복하게 잘 살 수 있습니다. 가계 생활비가 가장 많이 드는 분야는 주거, 교육, 의료 등과 같이 삶에 밀접한 부분입니다. 생계비 부담이 줄어들면 가계의 실질적 소득이 늘어나 훨씬 여유가 생깁니다.

특히 가계에 큰 부담이 되며 청년의 발목을 잡는 등록금은 지난 대선에서 반값등록금이라는 공약으로 해법이 제한된 바도 있으나 여전히 탁상공론으로만 머물러 있습니다. 대부분의 유럽 선진국은 대학 등록금이 아예 없거나 있다 해도 우리나라 돈으로 수십만 원 수준에 불과합니다. 개인의 경제력에 상관없이 교육의 기회만큼은 동등하게 누려야 한다는 취지로 독일은 한 학기에 73만 원 정도하던 등록금을 전액 폐지했습니다. 덴마크는 교육비 부담이 아예 없으며, 대학까지 무상교육입니다. 돈이 있든 없든 자신이 원하면 어떤 교육이든 받을 수 있는 것입니다. 세계에서 두 번째로 등록금이 비싼 나라가 우리나라입니다. 우리보다 비싼 등록금을 받는 미국도 등록금이 저렴한 국공립대 비율이 높으며, 사립대도 대부분 장학금 혜택을 받고 있습니다. 한편, 막대한 돈이 든다는 점에서 반값 등록금을 반대하는 사람들도 있습니다. 그러나 결론부터 말씀드리자면, 그것은 기우에 불과합니다.

그렇다면, 국·공립대 등록금을 반값으로 하는데 드는 비용은 얼마일까요? 2018년을 기준으로 대학생은 164만 명으로 예상되며, 국공립대는 37만 명에 평균 등록금 342만원, 사립대는 126만 명에 평균 등록금 706만원으로 전체 등록금은 연간 10조원 정도로 추정됩니다. 이중 정부에서 반값을 지원해주면 연간 5조 원이 들 것으로 예상합니다.

일부에서는 고교 무상교육이 더 시급하며 중요하다고 합니다. 그렇다면 고등학교도 의무교육으로 무상교육을 시행하면 됩니다. 입학금, 등록금, 학교운영비 등을 무상으로 지원하면 추가로 연간 약 2조원의 재정 지출이 발생합니다. 고교 무상교육과 반값 등록금을 매년 실시해도 약 7조원이면 가능합니다. 또한, 저출산으로 학령인구가 감소하는 추세에 따라 대학 정원은 점차 감소할 것이며 그에 따른 지원액도 점점 줄어들 것입니다.

과거 이명박 정부에서 4대강 사업에 22조원을 허무하게 들인 것에 비교하면, 훨씬 가치있는 지출이자, 미래를 위한 투자입니다. 이 나라의 미래인 우리 청년의 두뇌에 투자할 돈이 없으며, 그 돈이 아깝다고 하는 것은 근시안적인 사고입니다.

03.
사회투자기금의 활성화를 위해 노력하다

- 모두 더불어 잘사는 세상

서울시와 함께 사회투자기금의 직영체계 갖춰야
취약계층 보듬어 일자리나 사회서비스 제공
지역주민의 삶의 질 향상

다 함께 더불어 잘사는 세상을 만들려면 취약계층을 보듬어야 합니다. 서울시의회에서도 사회경제적 취약계층을 지원하는 다양한 정책 제안과 입법활동을 통하여 취학계층을 위한 여러 지원제도들을 마련하고 있습니다.

사회투자기금 활성화 방안은 제가 의정활동을 하면서 강조해왔던 부분 중 하나입니다. 이윤추구가 주된 목적인 일반 기업과는 달리 취약계층에게 일자리나 사회서비스를 적극적으로 제공하여 삶의 질을 높여야 합니다.

사회적 목적을 추구하며 재화와 서비스를 생산하고 판매하는 기업을 사회적 기업이라고 하는데, 서울시는 예비 사회적 기업을 발굴하여 육성해오고 있습니다. 2012년부터 사회적 기업의 성장을 위해 시중보다 저렴한 금리로 융자해주는 사회투자기금을 운용하고 있습니다.

서울시는 사회투자기금을 통해 사회적 기업 융자, 소셜하우징 융자, 중간지원기관 협력 융자, 사회주택 활성화 융자, 사회적 프로젝트 융자 등 사업당 0~2%의 저금리로 최대 5년간 융자(2016년 기준)를 시행해왔으며, 서울시의 직영체제 전환 이후에는 민간 사회적 금융기관을 통한 재융자 방식의 '중간지원기관 협력 융자 사업'과 '소셜하우징 융자 사업'으로 기금에 대한 융자를 지원하고 있습니다.

기금을 통해 융자를 지원 받은 사회적 기업은 독거노인을 위한 돌봄서비스, 저렴한 법률서비스, 취약계층의 고용, 천기저귀 제작 및 배송, 어르신 고용, 취약계층 장례서비스, 청소서비스 등을 제공합니다. 2016년 말을 기준으로 122개의 사회적 기업이 융자를 지원받았습니다.

〈연도별 융자 지원 실적〉

(단위 : 백만 원)

구분		계	2013	2014	2015	2016
지원 금액	합계	67,756	21,123	9,348	15,954	21,331
	市 기금	53,664	10,900	7,488	14,612	20,664
	민간기금	14,092	10,223	1,860	1,342	667
지원 기업수		263	71	46	68	78

이들은 지원 전보다 2배 이상의 매출액을 기록하는 등 괄목할
만한 성장을 이뤘고, 새로운 일자리 창출, 사회주택 공급 등 다
양한 사회적 가치를 창출하는 기업으로 거듭났습니다. 사회적
기업의 자생력을 높이는 데 일조했다는 점에서 사회투자기금
의 운용은 매우 유의미합니다.

〈사회적 경제기업 실적 변화〉

○ 매출액 (지원 전) 1,081억 원 → (지원 후, 2015년 말) 2,315억 원 (1,234
   억 원 증가)
○ 일자리 (지원 전) 737개 → (지원 후, 2015년 말) 1,158개 (421개 증가)
○ 주택공급 (지원 전) 0세대 → (지원 후, 2015년 말) 103세대 (103세대
   증가)

그러나 사회적투자 기금 조성 초반에는 민간기금과 매칭을
통해 기금 규모를 늘릴 계획과는 다르게 지자체의 위탁을 받은
기관의 기부금 모집이 법률 위반의 소지가 있다는 유권해석이
존재함에 따라 이렇다 할 민간기부금을 모집하지 못했습니다.
이에 따라 기금의 규모는 매년 감소하였고 2016년 말에는 조성
초기의 5분의 1 수준인 약 100억 원의 기금 현액만을 기록하였
습니다. 동료 의원들과 함께 기금 고갈을 막기 위해 재원 마련
및 활성화 방안을 시에 요청했으나, 마땅히 효율적인 정책이 실

행되지 못했습니다.

이와 함께 기존에 연간 약 10억 원의 위탁비용을 지급하고 (재)한국사회투자에 위탁운용하던 기금이 「지방자치단체 기금 관리기본법」의 개정에 의거, 기금의 민간위탁 자체가 금지되었습니다. 그래서 동료 의원들과 함께 사회투자기금의 활성화와 서울시 직영체제로의 근거 마련을 주요내용으로 하는 개정안을 발의하였습니다.

개정안은 기금을 투·융자 방식으로 운영하기 위한 수행기관의 도입, 기금운용 심의위원회의 구성 및 권한 등 직영으로 운영하는 데 필요한 사항을 반영하였습니다. 기금의 위탁운영을 금지하는 법령이 개정된 이후 조례 개정까지, 서울시에서 사회투자기금의 새로운 운영방향에 관한 보고를 받으며 시와 함께 효율적인 사회투자기금의 직영체계를 갖출 수 있도록 하였습니다.

시로 사회투자기금의 운용 주체가 위탁기관에서 변경됨에 따라, 기존에 지적되었던 기금고갈문제를 해결하고자 민간기관과 매칭하여 민간자금을 확보하기 위한 방안을 마련하기 위해 노력하였습니다. 현재 직영으로 운영하는 체제로 전환 이후 모든 융자를 중간지원기관인 사회적 금융 기관과의 매칭을 통해 수행함으로써, 민간자금을 확충해 나가고 있습니다.

또한, 기금의 운용기간이 최대 대출기한인 5년을 초과한 만큼 융자금액의 상환에 대한 면밀한 계획 수립의 필요성을 강조하고, 미상환하는 일부 기업의 융자금에 대한 대책을 마련하는 등 향후 운영방향에 대한 논의도 지속 중입니다.

이밖에도 시는 2012년 사회투자기금 조성 시,「지방자치단체 기금관리기본법」에 따라 5년의 존속기한을 설정하였습니다. 2017년 기금의 존속기한 만료가 도래하였으나 기금 지원을 받는 사회적 기업들이 다양한 사회적 가치를 창출하고 있고, 여전히 열악한 재정 여건 등으로 공공의 정책적·재정적 지원이 필요하다고 판단됩니다. 그래서 기금의 존속기한을 연장하는 개정안을 발의하는 등 의정활동 동안 사회투자기금에 대한 지속적인 관심을 기울이며 다양한 정책을 제안하고 있습니다.

위기의 농수산물 도매시장 구조개선에 나서다

- 공영도매시장의 현주소

세계 최대 규모의 농수산물 공영도매 시장인 가락시장
일관성 있는 정책과 지원 필요

　서울시농수산식품공사는 국내 최초이자 최대 규모의 농수산물 공영도매시장인 가락시장을 비롯해 강서 시장, 양곡 시장을 운영하면서 서울시민이 먹는 농수산물의 약 50%인 연간 320만 톤을 공급하고 있습니다. 영세한 농가와 생산자가 많은 청과물 유통의 경우 50% 이상이 공영도매시장을 통하여 유통될 정도로 공영도매시장은 우리 농수산물유통에서 중요합니다. 따라서 그만큼 일관성 있는 정책과 지원이 필요합니다.

　「농수산물 유통 및 가격안정에 관한 법률」은 공용도매시장의 유통 주체로 도매시장법인과 중도매인을 규정하여 농가와 출하자가 농수산물을 도매시장법인에 위탁하면 경매로 중도매인이 구입하고 소매상에게 판매하는 거래가 원칙입니다. 경매를 통한 상장 거래방법으로 농민의 직접 출하가 많이 늘어나 품질과 수급 사정을 반영한 가격이 형성되었으며 공개·경쟁적인 거래체제로 자리 잡았습니다.

〈공영도매시장의 유통구조〉

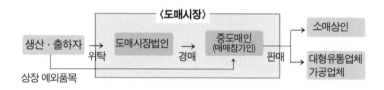

농수산물 공영도매시장은 우리나라 농수산물 유통 시장의 핵심 허브입니다. 공영도매시장은 출하자인 농민과 소비자의 권익보호 뿐만 아니라 국민생활 안정과 직결되는 국가 기간 시설이기도 합니다.

아울러 농수산물 유통 경로 가운데 정부와 지방자치단체가 통제, 활용할 수 있는 유일한 경로이며 보다 적극적인 의미에서 농산물 가격과 유통의 문제뿐 아니라 농어촌-도시 경제 간 교류의 접점되기도 합니다. 특히 가락동시장은 1985년에 개장하여 일평균 8,137톤, 연간 거래량 248만 톤의 농수산물이 거래되고 하루평균 155억원, 연간 4조 7,555억원의 매출을 기록하고 있습니다. 이는 서울시 농수산물 소요량의 49%이며 전국 33개 공영

도매시장이 취급하는 총거래량의 34%를 차지하는 단일 시장으로 세계 최대의 거래량을 보이는 공영 도매시장입니다. 가락시장의 경매제에서 제시하는 농수산물의 가격은 기준 가격을 제시하는 역할을 하여 우리나라 전체 농수산물 가격을 결정하는 바로미터 역할을 함으로써 가격 발견 기능을 수행하고 있습니다.

우리나라 농수산물 유통환경은 소비지는 선진국 수준, 도매시장은 중진국 수준, 생산지는 후진국 수준이라고 할 수 있습니다. 이에 따른 많은 문제가 주로 공영도매 시장에서 압축적으로 일어나고 있습니다. 따라서 공영 도매 시장 정책은 종합적이고 장기적인 안목에서 접근해야 합니다.

우선 농어촌의 인구변동을 살펴보면 얼마나 급속도로 해체되고 있는지 잘 알 수 있습니다. 1970년 우리나라 농업 종사 인구는 1,400만 명이었습니다. 산업화와 도시화가 급속하게 진행되면서 농촌 인구는 분해되어 2015년 현재 농업종사 인구 257만 명으로 전체 인구 5.1%에 불과합니다.

2010년 대비 46만 4,000명(16.1%)이 감소하였고 게다가 농가 인구 10명 중 4명(38.4%)이 65세 이상의 노령인구입니다. 전체 인구를 줄 세웠을 때 농가인구 중 중간을 차지하는 연령은 59.1세입니다. 이는 우리나라 전체인구 중 중위 연령이 40.8세라는 사실에 비교했을 때, 농촌이 약 20세가 높으며 초고령 사회에 진입하였음을 보여줍니다.

농촌 인구와 마찬가지로 어업 인구도 이러한 문제는 심각합니다. 우리나라 전체 어업 인구는 2015년 기준으로 13만 명으로 전체 인구의 0.3% 차지합니다. 2010년 인구 대비 4만 3천 명(24.9%)이 감소하여 연령별로 보면 60대 이상이 43.9%이며, 50대도 24.8%를 차지하여, 50대 이상이 거의 70%를 차지한다고 봐야 합니다. 농가와 마찬가지로 어업 종사 인구의 중위 연령도 57세로 비슷한 실정입니다.

이러한 인구학적 사실을 고려하면 농어촌의 현실과 미래에 대한 근본적인 인식의 전환이 필요합니다. 전국 228개 시군구 중 84개(36.8%)와 3,482개 읍면동 중 1,383개(39.7%)가 30년 이내에 인구 절벽으로 사라진다는 것이 한국 고용정보원의 예측입니다. 시간이 흐를수록 농촌의 황폐화와 해체가 가속화되고 있습니다.

고령화의 영향뿐 아니라 농민들은 노동자와 달리 원천적으로 교섭력이 약할 수밖에 없고 조직화도 근본적으로 어렵습니다. 외국에서 밀려오는 값싼 농산물은 물론이며 쉽게 변질되는 농산물의 특성으로 인하여 파업 등 집단행동을 통해 자신들의 주장을 관철하기가 매우 어렵습니다.

경제적인 측면에서 보면 우리나라의 농산물 생산 총액은 우리나라 전체 GDP 3% 수준으로 투자 증대에 따른 부가가치 생산은 이미 한계에 봉착했다고 할 수 있습니다. 우리가 어떠한 노력을 기울이더라도 경제적 부가가치를 획기적으로 향상시키는 방법은 사실상 찾기 어렵습니다.

그동안 우리나라 중앙 정부의 농어촌 투자는 SOC투자 위주로 주로 시골의 도로나 교량 등에 집중했습니다. 농어촌 부채나 실질적인 농민들의 소득 증가보다는 토건 위주의 지원이 중심이 되었던 것입니다. 농촌에 내려가 보면 차량 운행이 뜸한 시골 도로가 4차선, 6차선으로 잘 정비되어 있음을 볼 수 있습니다. 어린아이들이 노는 소리가 끊긴 지 오래고 사람이나 차량이 없는 지역인데도 도로나 교량 등에 지나친 투자를 해온 것입니다. 이 넓은 도로나 교량은 누구를 위한 투자인지 참으로 안타깝습니다.

무엇보다 농어촌 문제에 대한 근본적인 패러다임 전환이 절실히 필요한 시기입니다. 농어촌은 국가의 근간이며 농어촌의 삶은 우리 도시인의 삶의 원형이기도 합니다. 농어촌 문제는 경제적 이익의 관점에서가 아니라 환경, 국토의 이용 등 공간의 문제로 전환하여 농어촌을 살릴 방안을 모색해야 합니다. 제가 시의원으로서 상임위 활동을 하면서 서울농수산 식품공사와 공영 도매 시장에 집중하는 이유는 이러한 복합적인 문제의식에서 기인한 것입니다.

- 시장도매인제의 도입

농어민에게 가장 중요한 문제 중의 하나
공정성과 투명성이 우수한 경매제
효율성 측면에서 우수한 자유거래제도

시장도매인 제도의 도입은 향후 10년간 농어민에게 가장 중요한 문제 중의 하나입니다. 시장도매인 제도는 경매제와는 달리 자유거래제도로 농수산물 유통을 거대 유통상인인 시장도매인들이 출하자인 농어민으로부터 농수산물을 매수 또는 위탁받아 공급하는 방식입니다. 시장도매인제가 도입할 수 있도록 농안법이 2000년에 개정되었고 중앙도매시장가 2004년부터 도입할 수 있어 서울농수산식품공사에서 관리하는 강서시장에 처음으로 도입되었습니다. 서울시의회는 시장도매인제를 도입하도록 서울시 농수산물도매시장 조례를 2012년 12월 개정하였습니다. 이에 대해 농식품부는 다음과 같은 3가지 조건을 걸고 조례 개정안을 조건부 승인하였습니다.

가. 대금 정산 조직 설립을 통한 대금 결제의 안정성, 투명성 확보(2013년 내)

나. 시장도매인 상한수 및 자본금 규모에 대한 연구 용역, 전문가 협의회를 거쳐 조례에 반영(2014년 내)

다. 농식품부, 서울시, 공사, 출하자 및 유통인 등 공청회 개최를 통한 합의 이후 연구 용역이 실시되었고(14.4~9), 연구 용역 공청회와 이해 관계자 의견 수렴도 형식적으로 이루어졌습니다. 그리고 시의회에서 시장도매인제와 관련하여 서울특별시 농수산물 도매시장 조례를 전부 개정하여 공포하였습니다. 개정된 조례에서는 시장도매인의 도입을 진행하기 위해 시장도매인 상한 수, 자본금 등의 중요 규정사항을 조례에서 삭제하고 대신 조례 시행규칙으로 대신 규정하도록 하였으나 농식품부는 조건부로 승인하여 사실상 가락시장의 시립도매인 제도 도입을 불승인하였습니다.

〈도매시장 거래제도 비교 검토자료〉

구분	상장매매제도(일명 '상장경매제')	시장도매인제도(자유거래제도)
운영 주체	도매시장법인/중도매인 - 출하자가 도매시장법인에게 판매를 위탁한 물건을 중도매인이 경쟁적으로 구매하여 소비지에 공급	시장도매인 -시장도매인이 출하자로부터 매수 또는 위탁받아 공급(※자의적 자유거래)
거래 방법	- 중도매인을 대상으로 경매, 입찰, 정가매매, 수의매매	- 대상 제한 없이 수의거래
도입 시기	- 1976년 농안법 제정 시 도입 - 1985년 개장 가락시장을 시작으로 32개 전체 도매시장에 채택 운영	- 1998년 국민의 정부 유통개혁대책을 근거로 2000년 농안법에 도입 - 2004년 서울 강서시장에 시범 도입
도입 취지	- 유사시장 개인위탁상 횡포에 의한 농민 피해 방지 - 공개판매로 공정거래질서를 확립하고, 수요와 공급 사정을 반영한 적정한 가격 형성	- 출하자의 선택권 확대 - 유통단계, 유통비용 축소거래 실적
거래 실적	- 전국 원예농산물 16조 중 10조 수준 취급	-5천억 원 수준

주요 성과	- 공정한 거래질서 확립 - 유통주체 규모화 및 수수료 제한으로 유통비용 감축 - 출하자에 대한 안정적 대금정산 - 산지 조직화, 규모화 촉진 - 포장화, 등급화 촉진 - 농산물거래 기준가격 제시 등	- 공영도매시장에서도 거래대상, 방법, 시간 등에 제한을 두지 않는 자유거래 허용 - 도입취지 달성여부에 대해 검증이 되지 않은 상태(※일부 불공정 및 불안정 확인)
거래 방법	- 중도매인을 대상으로 경매, 입찰, 정가매매, 수의매매	- 대상 제한 없이 수의거래
정책 방향	- 경매 의존도를 낮추고, 계획거래인 정가 수의매매 확대 정책 추진 중 ('16년 20% 목표) -출하자, 구매자의 다양한 요구조건 수용 및 가격 안정	-도입취지 검증이 충분치 않고 자유거래에 대한 불안감으로 정책 방향 설정 곤란

　시장도매인의 도입과 관련하여 전문가와 유통업자들의 의견은 찬반 의견이 팽팽합니다. 출하자인 농민단체 및 농민들과 도매법인을 포함한 유통업자들은 대부분 반대하고 있습니다. 그러나 도매법인의 영향력에서 벗어나 자유거래를 하고자 하는 비교적 큰 규모의 중도매인 약 20%는 찬성하고 있습니다. 일반적으로 경매제는 시장의 공정성과 투명성은 우수하고 시장도매인제는 효율성 측면에서 우수하다고 합니다.

　시장도매인제 도입의 확대를 주장하는 측에서는 유통단계의 축소와 유통비용 절감을 통한 소비자 물가를 낮추고 물류 효율성을 제고시킨다고 주장합니다. 아울러, 경매 가격보다 예견된 가격으로 가격 등락 폭을 완화하고 대형 마트와 같은 대량 소비처의 요구를 충족시킨다는 점에서 우월하다고 주장합니다.

시장 도매인제의 도입이 경매가 아닌 수의계약 방식으로 농가의 출하권 선택을 보장한다고 주장하나 실제 기대효과를 충족시키지 못하고 있습니다.

이에 반해 시장도매인제 도입 확대를 반대하는 측에서는 현재 농가들이 비조직화된 영세소농이 대부분이어서 시장도매인과의 거래교섭력에서 농가가 절대적으로 불리하며 경매제와는 달리 거래 및 가격의 투명성이 부족하고 대금 결제의 안전성에도 문제가 있다고 주장합니다.

유럽이나 미국은 산지 규모화, 조직화 수준이 높아 도매시장이 수집기능보다 분산기능으로 특화되어 대부분 시장도매인제를 취하고 있습니다. 그러나 한국이나 일본은 산지 규모화나 조직화 수준이 낮고 산지의 계절적 이동이 빈번하여 도매시장의 상품 평가에 기준이 까다로운 특성이 있어 수집과 분산 기능 어느 한쪽으로 특화하기 어렵습니다. 따라서 수집과 분산을 통합하는 것보다는 분업의 원리에 따라 분화하여 시행하는 경매제가 도매시장 기능에 맞는 방식입니다.

게다가 농민은 정보의 비대칭성, 교섭력 등에서 시장도매인과 상대가 되지 않을 정도로 열악합니다. 시장도매인제가 일반화되면 농산물은 대자본에 예속되어 제 값도 못 받을 우려가 높습니다. 경매제에서는 불법인 장외거래가 합법화될 것이고 막대한 매출로 유통 질서를 무너뜨릴 가능성이 높습니다. 매수든

수탁이든 얼마든지 유통량을 속일 수 있으며 가격과 거래량이 정확히 파악되지 않을 것입니다.

현재 강서시장의 시장도매인제는 그리 성공적이지 못하다는 것이 일반적인 평가입니다. 독자적 가격 형성 기능도 미흡하고 상대적으로 낮은 가격 효율성, 출하자의 선택권 확보나 출하 안정성 확보에도 매우 미흡합니다. 유통단계에서 공정성과 투명성도 잘 확보되지 않으며 협의에 따른 매수 능력도 매우 부족한 상태입니다. 유통 단계 축소에 따른 물류 효율성과 비용 절감에도 그리 효과적이지 못합니다.

이러한 문제에도 불구하고 농수산물 식품 공사는 경매제와 도매인제의 병행을 주장하며 농민이 양자를 다 선택할 수 있도록 해야 한다고 강조하고 있습니다. 그러나 저는 이러한 주장이 매우 비현실적인 형식적 선택권의 보장이 될 수밖에 없다고 생각합니다. 경매제와 시장도매인을 병행할 경우 경매제는 상당 부분 쇠퇴하며 농민은 시장도매인의 지배하에 놓일 것입니다.

조직화된 영농조합, 영농법인이 20% 이하인 우리의 농촌 현실을 고려하면 시장도매인의 도입을 위한 사전 준비 작업이 더 필요하다고 생각합니다. 게다가 전 세계 어느 나라도 동일한 공영도매시장에서 경매제와 도매인제를 병행하는 나라가 없습니다. 강서시장은 개장 때부터 시장도매인제를 경매제와 병행하고 있습니다. 그러나 세계 최대의 공용도매시장인 가락시장은 우리나라 농수산물 유통의 중심인만큼 실험장소가 되어서는 안 됩니다. 동일 시장 내에서 두 제도의 병존은 시장 질서를 왜곡하는 요인으로 작용할 가능성이 높습니다.

- 비상장 품목과 상장예외 품목 지정 문제

상장 예외 품목 지정은 엄격한 기준에 따라야
혁신과 변화를 주도하려는 의지와 노력이 미흡
적극적인 시장 활성화를 위한 노력 필요

경매로 거래하기 어려운 소수 품목을 원활하게 유통하려면 중도매인이 직접 출하자와 거래할 수 있도록 예외적으로 비상장(非上場) 거래가 허용됩니다. 1994년 도입한 상장예외 품목은 갈수록 늘어가고 있습니다.

한번 비상장 품목으로 지정되면 다시 상장 품목으로 돌이키기가 사실상 불가능합니다. 비상장 품목의 경우 기한을 지정하고 있지만, 비상장 품목으로 지정되고 다시 상장 경매제로 전환된 경우는 단 한 번도 없었습니다.

경매제 시장에서 상장하지 않고 자유거래를 하도록 상장 예외품목을 지정하기 위해서는 다음과 같은 엄격한 기준이 있습니다.

첫째(1호), 해당품목이 도매시장에서 거래하는 비중이 매우 작아 경매제를 운용하기 위해 건립한 공영도매시장을 운영하는 데 지장이 없는 부류를 기준으로 연간 반입물량 누적비율이 하위 3% 미만에 해당하는 소량 품목이어야 합니다.

둘째(2호), 해당품목을 취급하는 중도매인 수가 소수인 경우에 제한적으로 상장예외품목으로 지정한 것입니다. 소수 중도매인에 대한 사항은 1호에 준하여 부류를 기준으로 연간 경매참여 중도매인 수 누적비율이 하위 3% 미만에 해당하는 품목으로 정했으면 하는 의견입니다.

셋째(3호), 1호, 2호가 원칙이지만 매우 제한적으로 상장예외 품목으로 지정하기 위해 상장거래 때문에 중도매인이 해당 농수산물을 매입하는 것이 현저히 곤란하다고 도매시장개설자가 인정하는 품목으로 규정하고 있습니다.

그런데도 서울농수산식품 공사에서는 1호, 2호는 검토하지 않고 3호를 중심으로 상장예외 품목을 지정하여 유통업자 간 여러 갈등 요인이 발생하고 도매법인이 공사를 상대로 소송을 제기하고 있는 상황입니다. 저는 이 문제에 대해 여러 차례 시정을 촉구한 바 있습니다.

공사에서는 상장예외 품목을 지정하고자 하는 사유를 해당 품목에 대해 경매를 통해서 할 것인지 아니면 상장예외로 할 것인지 출하자에게 출하선택권을 주어서 도매법인과 중도매인의 경쟁을 통해 농수산물 유통을 개선해야 한다고 합니다. 그러나

이는 농안법이나 조례에서 정한 내용에 있지도 않은내용이며, 공사에서는 규정에도 없는 가격경쟁을 위해서 상장예외 품목을 지정하고자 하는 다소 엉뚱한 주장입니다. 이에 대해 저는 3가지 기준을 보다 엄격하게 적용하여 상장예외 품목을 지정하여야 하며 비상장 품목 또한 상장 품목으로 쉽게 전환할 수 있어야 한다고 생각합니다.

상장예외 품목 지정이 소비자인 서울시민과 출하자인 농민의 의사를 무시하고 도매인법과 중도매인의 이해대립으로 전이되어서는 안됩니다. 현재로선 이에 대한 변화된 현실을 반영하는 사회적 합의를 이루기 위해 노력해야 하지만 우선 전에 법적 규정을 더욱 엄격히 적용하고 이를 위한 준비 작업을 충실히 하는 것이 필요합니다.

특히 농수산식품공사 업무를 관리감독 하는 서울시 도시농업과의 도매시장팀이 이러한 업무를 충실히 수행하려면 전문적인 식견을 갖춘 담당 직원의 보강이 필요하다고 주장해왔습니다. 도매시장팀의 현재인원 4명(공사에서 파견한 직원 포함)으로는 시설현대화나 새로운 거래제도의 도입을 능동적으로 조정할 수 없기 때문입니다. 서울시는 가락시장 관리 운영의 종합적인 개선방안과 시장도매인제 도입의 문제점 및 개선방안, 가락시장 거래 활성화 방안 등 주요 정책적인 업무를 공사에만 의존하지 말고 도매시장 개설자로서의 적극적 역할을 충실히 해야 합니다.

최근 들어 수입농산물 증가와 경기침체로 농산물과 과일에 대한 소비수요가 감소하고 있습니다. 또한, 1인 가구 증가로 신선편의 상품을 선호하고 세계화로 인한 다양한 맛과 우수한 품질의 상품을 선호하는 등 식자재 산업의 발전과 더불어 시장 환경이 크게 변화하고 있습니다.

그런데 가락시장은 이런 위기에 능동적으로 대처하고 혁신과 변화를 주도하려는 의지와 노력이 미흡합니다. 유통 환경은 변화하는데, 단순히 시장도매인제 도입이나 시설만 현대화하면 될 것으로 생각하고 다양한 문제 제기나 민원을 억누르는 방식으로는 해결할 수 없습니다. 공영도매 시장을 아직도 관리하는 대상으로 보고 있고, 활성화 대책이 미비합니다. 혁신과 서비스 개선을 위해 조직을 정비하고 변화되는 유통환경에 적극적으로 대응할 수 있도록 하여야 합니다.

농수산식품공사의 조직편제와 인력구성을 현재의 관리 중심에서 홍보와 소통, 유통사업자들의 경쟁력 강화를 위한 지원서비스 중심으로 대폭 개편하고, 가락시장의 운영 방향도 이렇게 변화시키기를 기대합니다. 유통 당사자들과 문제가 발생할 경우만 의논하는 것이 아니라 시장운영과 관련된 일상적인 업무에 참여시키고 공사 직원들도 이들과 친밀하게 소통할 수 있도록 노력하여 주기를 바랍니다.

도매시장에 위기가 찾아오고 매출액이 감소하고 있는데도, 생존과 경쟁력 확보를 위한 중도매인들 간의 합병을 통한 법인 설립이 늘어나지 않고 있습니다. 수년간 중도매인들은 1,700여 개 그대로 유지되고 있습니다. 도산도 거의 없고 인수 합병으로 규모화가 되지도 않았습니다.

농산물 시장이 개방되고, 대형 유통업체의 성장, 다양한 형태의 식자재 업체 증가, 주요 산지에서도 출하조직이 규모화되는 반면, 가락시장의 중도매인은 일부 상위권을 제외하면 매출액이 매우 낮은 수준입니다.

중도매인의 매출액이 낮다는 것은 사업 규모가 적고, 국제화 시대에 대한 대응능력이 취약하다는 것을 간접적으로 보여줍니다. 일부에서 이루어지고 있는 불법 점포 임대 행위나 장외 거래는 철저히 차단해야 합니다.

아울러 도매법인도 더는 특권에 매몰되어 정체되지 않도록 적극적인 시장 활성화를 위해 노력해야 합니다. 아울러 사회 공헌에 대한 기여를 강화하고 출하자와 중도매인과 함께 공존·공영하는 노력을 강화해야 합니다.

한편, 가락시장은 식품위생 안전에 대한 인식과 노력은 매우 취약한 실정입니다. 농산물을 운송하는 차량은 대부분 디젤 차량입니다. 가락시장에서 차량 배기가스 단속이 있었다는 이야기를 들어본 적이 없습니다. 위생도 문제이고 곳곳에 통로를 가로막은 판매대들이 가득합니다. 한두 해의 문제가 아니니 어쩔 수 없다고 하더라도 시설개선이나 도색 등에도 신경을 쓰지 않은 듯합니다.

파리-헝지스 시장은 관할 경찰서가 시장 진·출입 차량에 대한 배기가스 감독과 단속을 하며, 수산시장과 축산시장은 반드시 위생복을 착용해야 합니다. 식당 이외의 공간에서는 음식물을 먹는 것도 금지되어 있습니다.

헝지스 시장은 이런 철저한 위생안전 관리, 청결한 시장관리를 홍보 마케팅 전략으로 활용하고 있습니다. 선진 도매시장에 대한 철저한 연구와 분석으로 좋은 점은 우리 시장에도 적극적으로 도입하는 노력이 필요합니다.

- 가락시장의 시설현대화 사업

물류시설의 절대 부족
고밀도, 저효율, 고비용 환경으로 매우 열악
노후화된 시설을 현대화시키는 국책사업

1985년에 개장한 가락시장은 부지면적은 54만㎡(건축면적은 48만㎡), 시장 내 종사자는 2만 명, 서울시민 농수산물 먹을거리의 49%를 공급하는 한국농수산물 도매 물류의 중심지

일 뿐 아니라, 세계에서도 최대 규모에 속하는 공영도매시장입니다.

현재 가락시장에서 거래되는 농수축산물 일일 거래량은 7,300톤, 일일 거래금액은 약 104억 원이며 일일 이용자가 13만 명, 일일 이용차량이 4만 2천 대에 달하고 있습니다. 단위면적 당 거래량이 최대수준에 이르러 이미 설계물량 대비 1.7배가 반입되어 포화상태에 이른 실정입니다. 게다가 물류시설이 절대적으로 부족하여 고밀도, 저효율, 고비용 환경이 조성되어 매우 열악한 환경에 처해 있었습니다.

이에 따라 노후화된 시장시설을 재건축하고 물류 혼잡을 개선할 필요성이 지속해서 제기되어 왔습니다. 농림부에서 2004년 공표한 농업·농촌 종합대책에 가락시장의 시설 개선이 포함되었으나 가락시장의 이전을 요구하는 지역주민의 민원으로 서울시는 이를 원점에서 재검토하였고 최종적으로 재건축하는 방향으로 결정하여 시설현대화 사업을 추진하게 되었습니다.

가락시장의 시설현대화 사업은 2010년에서 2025년까지 진행될 계획이며 건축기간 동안 시장은 정상적으로 운영하여야 합니다. 따라서 단계별로 시설을 철거하면서 건립이 이루어지는 순환 재건축 방식으로 추진됩니다. 사업지연과 건축변경으로 완공시점이 당초 2018년보다 7년 연장되어 총사업비도 932억 원이 증가한 7,691억 원(국비 30%, 시비 30%, 국고 융자 40%)이들어가는 국책사업입니다.

〈가락시장의 시설현대화사업 단계별 추진 계획〉

1단계	2단계	3단계
(관리동, 소매 분리 이전)	(도매권역 서측 정비)	(도매권역 동측 정비)
연면적 : 210,958㎡	연면적 : 118,030㎡	연면적 : 218,071㎡
사업기간 : 2009~2016	사업기간 : 2016~2022	사업기간 : 2022~2025
- 공사청사 이전 소매 가락동 이관	- 채소2동 수산동 건립	- 채소1동 과일동 기타시설

- 시장 내 유통질서 확립의 계기 마련

물류시스템과 거래방식에서 지각 변동 예고
유통 주체 간의 심각한 갈등 초래
다자간협의체 구성으로 원만한 해결 실마리 찾아

시설현대화 사업 중인 가락시장은 영업장소의 변경을 비롯하여 물류시스템과 거래방식에서 지각 변동이 예고되어 이를 둘러싸고 출하자, 도매시장법인, 중도매인, 임차상인, 하역노조 등 유통 주체 간의 갈등이 심했습니다.

급변하는 유통환경에 따른 유통 주체간 갈등과 함께 도매시장 내의 유통인 관리와 거래제도 운용 등을 담당하는 서울시농수산식품공사가 역할을 하지 못한다는 유통 주체들의 문제 제기가 있어 2015년 10월에 서울시농수산식품공사 주요 현안 조사 소위원회가 설치되었습니다.

조사 소위원회는 가락시장 시설현대화 사업과 서울시농수산식품공사의 각종 현안에 대한 합리적인 대안을 찾아보고 유통 주체 간의 갈등을 조정하고자 서울특별시의회 기획경제위원회 위원 중 6명으로 구성되었습니다. 저는 동료 의원들로부터 이 분야에 대한 활발한 의정활동을 인정받아 조사 소위원회의 위원장으로 선임되었습니다.

조사 소위원회는 현장방문과 수차례의 회의 개최 및 업무보고를 통하여 가락시장 시설현대화 사업의 진행 경위와 효율적인 추진방안, 시장도매인 제도의 도입 현황과 적절성 여부, 상장 예외품목의 지정과 합리적 운영 방안, 가락몰 이전 현황과 청과직판상인의 반대 입장 등 그간 서울시농수산식품공사의 업무와 관련되어 문제가 제기된 부분들에 대하여 심도있게 살펴보았습니다.

　이런 활동을 토대로 조사 소위원회는 가락몰의 이전을 반대하는 청과직판 상인과 서울시농수산식품공사와의 관계를 중재하여 다자간협의체를 구성하고 가락몰 이전에 대한 인센티브 제공, 인명사고 방지 방안의 마련 등을 주문하여 원만한 문제해결의 실마리를 마련했습니다.

　또한, 상장 예외품목을 전수 조사하여 불필요한 지정 품목은 취소하도록 하여 무분별한 상장 예외품목의 확대에 제동을 걸었습니다. 상장 예외품목의 지정을 담당하는 시장운영위원회에 유통인 단체의 추천위원을 위원에 포함하여 다양한 유통 주체의 의견을 수렴할 수 있도록 하였습니다.

　그리고 무허가 상인들의 난립으로 도매시장의 공정한 관리와 운영에 문제가 있음을 지적하고 시설 현대화 사업과 연계한 단계별 계획을 수립하여 시장 내 유통질서 확립의 계기를 마련하였습니다.

- 가락몰 이전 분쟁의 물꼬를 트다

청과 직판 상인 수평에서 수직적 구조 변경에 불만
불신과 갈등의 골 깊어
불만사항 경청과 환경 개선 활성화

가락시장은 과거 경기도 광주군에 속했던 지역으로 논밭과 비닐하우스 단지였습니다. 급격하게 서울시의 인구가 증가하면서 농수산물의 안정적인 공급과 서울 아시안 게임(1986년)·서울 올림픽(1988년) 개최 준비를 위하여 도시 정비 차원에서 용산시장의 상인 전원을 이전시켜 1985년에 개장하였습니다.

서울시농수산식품공사는 도·소매의 기능을 공간적으로 분리하여 유통의 효율성을 높이고자 시설현대화사업의 1단계로 가락몰을 건립하여 농수산식품공사가 이전하고 약 1천 명의 직판상인을 구분하여 가락몰의 지하 1층과 지상 1층으로 입주하도록 하였습니다.

그러나 지상 1층에 입주하는 수산·축산 부류와 달리 지하 1층에 입주하는 청과 부류의 직판 상인 중 약 절반에 해당하는 300여 명이 서울시농수산식품공사로부터 지하로의 이전에 대한 설명을 듣지 못했고, 종전의 상인대표가 상인들의 동의 없이 임의로 동의서를 제출하여 절차상 하자가 있으며, 기존의 수평적 구조에서 수직적 구조로 변경된 영업장소가 도매영업을 어렵게 하는 등 상인의 영업 현실을 전혀 고려하지 않았다며 가락몰로의 이전을 거부하였습니다.

가락몰 이전을 거부하는 청과직판 상인들은 청과직판상인협의회를 구성하고 임대기간이 만료된 점포에서 계속 영업하면서 임차권 확인의 소 등 소송을 제기하며 집회 및 시위로 시설현대화 사업의 2단계 추진이 난항을 겪게 되었습니다.

서울시의회 기획경제위원회에서도 업무보고를 비롯한 서울시농수산식품공사와의 회의에서 대화와 협의를 통한 원만한 해결을 촉구하였으나, 이미 당사자 간에 불신과 갈등의 골이 깊어 문제 해결에 진척이 없었습니다.

2016년 4월 2일에는 청과직판 상인인 손모 씨가 조합의 소극적인 태도에 항의하며 부탄가스와 휘발유 등을 준비하여 조합 사무실에 방화를 시도하였습니다. 또 5월 9일 손수레로 배달 일을 하던 80세 최모 씨가 가락몰 지하로 배송하던 중 손수레가 전복하여 사망하는 안타까운 사고가 발생하였습니다. 가락몰 완성 이후 2015년 말부터 2017년 4월 말까지 청과직판 상인 이전거부로 시설 현대화사업이 지연되었고 이에 따른 시설 개선 및 공사로 130억 원 이상의 추가 비용이 발생하였습니다.

기획경제위원회에서는 2015년 9월 14일부터 2016년 6월 27일까지 농수산식품공사 현안 조사 소위원회를 구성하여 현안 문제를 조사하였습니다. 제가 소위원회의 위원장이 되어 서울시농수산식품공사 주요 현안 조사 소위원회에서 서울시의원을 포함한 다자간협의체를 제안하여 대화의 물꼬를 트게 되었습니다.

다자간협의체는 대화의 원칙을 정하고 지속적인 회의를 통하여 청과직판 상인들의 불편과 불만사항을 경청하며 상호 수용 가능한 부분부터 먼저 합의를 끌어내고 최종적으로 서울농수산식품공사의 영업 환경 개선과 활성화를 위한 내용 등을 반영한 합의안을 만들었습니다.

비록 당시 마련된 합의안은 청과직판상인협의회 조합원들의 총회에서 일부 조합원의 극심한 반대로 상정되지 못했습니다. 2017년 4월, 서울시농수산식품공사는 청과직판상인협의회와 가락몰 이전에 최종적으로 합의하게 되었으며, 그동안의 갈등 해결을 위한 조정은 결코 헛된 것이 아니었고, 더욱 잘되기 위한 밑거름이 되었다고 생각합니다.

이번 합의로, 국내 농수산물 유통에 중추적인 임무를 수행하고 있으나, 시설이 낡고 필요한 물류시설이 부족했던 가락시장의 시설현대화 사업을 정상적으로 추진할 수 있게 되었습니다.

05.

근로자이사제 도입을 통한 노동존중 문화 확산

- 근로자에게도 지위를! 노동존중특별시 서울

> 노동자 소외 문화 심각
> 노사갈등으로 인한 경제 손실 연간 246조
> 공동결정제로 자본주의 개혁 필요

우리 사회는 기업의 주인은 주주라는 이른바 '주주자본주의' 정신에 지나치게 매몰되면서 기업의 성장과 발전에 중요한 역할을 담당해온 노동자들의 가치를 폄훼하고 이들의 정당한 권리를 억압해 왔습니다. 노동자 소외 문화와 이로 인한 노사갈등은 사업장 내의 갈등에서 그치지 않고 여러 사회적 비용을 발생하는 중요한 원인이 되기도 했습니다.

사회갈등 수준은 OECD 27개국 가운데 2번째로 심각하고, 이로 인한 손실 비용을 경제적으로 환산할 경우 연간 82조 원에서

최대 246조 원에 달한다는 조사 결과가 주는 시사점은 절대 가볍지 않습니다. 2015년 국민대통합위원회의 조사에 따르면, 국민은 사회갈등의 원인 가운데 노사갈등을 계층 간 갈등에 이어 두 번째로 심각한 갈등으로 인식하고 있다고 밝혔습니다. 노사갈등 문제의 해결은 우리 사회의 다양한 갈등 문제를 해결하는 중요한 시발점이 될 수 있을 것으로 보입니다.

특히, 심각한 노사갈등의 주체가 일반 사기업이 아니라 공익을 목적으로 하는 공기업이라면 그 폐해는 더욱 심각해집니다. 국내 대표적인 공기업인 코레일이 지난 2013년에 23일 동안의 파업으로 447억 원의 영업 손실을 기록한 것과 함께 사실상 독점 상태인 철도 운행의 파행으로 많은 시민에게 직접적인 손해를 끼친 사례를 보면 이와 같은 심각성을 어렵지 않게 예상할 수 있습니다.

노사갈등으로 인한 분규가 당장 발생하지 않더라도 단체협약이나 노사협의회를 기반으로 하는 제한적인 현재의 노사관계 모델로는 상생과 협력의 미래 지향적 노사관계 구축에 한계가 있습니다. 유럽의 경제위기와 브렉시트 사태와 같은 각종 위기 상황에도 불구하고 유럽을 넘어 세계 최고의 국가경쟁력을 인정받은 독일의 노사관계 모델이 우리에게 주는 시사점 가운데 가장 주목할 만한 하나는 바로 노동이사제(공동결정제)라고 할 수 있습니다.

독일은 1976년 독일기독교민주당(CDU) 사무총장을 지낸 바 있는 비덴코프(Kurt Biedenkopf)의 주도로 노동자 2천 명 이상의 기업에서 노사 동수의 이사제를 도입하기로 한 것이 노동이

사제도의 시발점이라고 할 수 있습니다. 현재 독일과 프랑스를 비롯한 서구 유럽 18개 국가에서 노동이사제를 도입해 시행하고 있습니다.

이런 노동이사제의 유용성은 2011년 미국의 투자자문회사 블랙스톤의 존 스터드진스키(John Stud-zinski)가 세계경제포럼에서 위기 완화의 성공요인으로 근로자의 경영참여에 대해 긍정적인 평가를 한 것은 물론이고, 2006년 독일 메르켈 총리가 공동결정제도 도입 30주년 기념연설을 통해 독일경제의 입지 우위를 다지는 원인이라고 천명하면서 최근 다시 주목받고 있습니다.

2016년 7월에는 영국의 테레사 메이 총리가 기업의 무책임을 막고 자본주의 개혁을 위해 노동이사제 도입을 천명하면서 이 제도에 전 세계적인 관심이 쏠리고 있습니다.

- 문재인 정부의 100대 국정과제 중 하나

성숙한 노사관계 모델
서울시 8개 기관 실시
성남시 시행 중, 광주시 논의 진행 중

이런 사태 흐름을 고려하여 서울시 산하 공사·공단 및 출연
기간에 노동이사제도를 선제적으로 도입해 모범적인 사례로
만들어야 한다는 시대적인 요구가 있었습니다. 마침 서울시는
박원순 시장을 중심으로 2016년 4월 '노동존중특별시 서울'을
발표하는 등 노동이사제 도입을 위한 제반 여건이 충분히 성숙
해 가고 있습니다.

서울시의회도 이와 같은 서울시
의 움직임에 적극적으로 동조해
성숙한 노사관계 모델을 만들어
가는 데 협조하기로 했습니다. 소
관 위원회인 우리 기획경제위원
회는 공청회와 시민 의견수렴 절
차를 거치는 것은 물론이고 소속
위원들 간에 수차례 논의를 거쳐
노동이사제 도입을 제도적으로
보장하는「서울특별시 근로자이

사제 운영에 관한 조례」를 지난 2016년 8월 심의·의결했습니다. 하지만 민간기업도 도입을 주저하는 노동이사제를 서울시에도입하는 과정이 순탄치 않으리라는 것은 시작부터 명확했습니다. 노동계와 의회의 노력에도 관련 법령에 따라 노동이사제의 공식명칭은 '근로자이사제'로 바뀌었고, 제도 도입 대상 기관도 애초 정원 30명 이상인 서울시 산하기관 15곳에서 13곳으로 축소되었습니다.

법적인 한계로 인한 노동계의 반대에도 불구하고 근로자이사로 선임되는 사람의 노동조합 탈퇴 의무를 담을 수밖에 없었습니다. 여러 논란과 우여곡절에도 불구하고 서울교통공사가 2명의 근로자이사를 임명한 것을 비롯해 현재까지 서울시 산하기관 중 8개 기관이 9명의 근로자이사를 임명한 상태입니다.

또한 서울시가 최초로 도입한 근로자이사제는 출범한 문재인 정부의 100대 국정과제 중 하나로 선정되면서 전국 각 공공기관으로 확산할 기회가 생겼습니다. 정부가 의지를 보인 만큼 노동이사제가 정착될 가능성이 커졌습니다. 현재 성남시가 관련 제도를 도입해 시행 중에 있고, 광주시도 관련 논의를 진행하고 있습니다.

협력적인 노사관계 형성을 통한 노사갈등 조정과 이로 인한 시민편익의 증진을 위해 어렵사리 '근로자이사제'가 첫발을 내디뎠지만, 아직까지는 갈 길이 먼 상태입니다. 여전히 관련법은 노동자를 '근로자' 로 한정하고, 조합원 재직기간 제한이나 노동조합 탈퇴 의무 등과 같은 제한 조항이 발목을 잡고 있습니다. 무엇보다 재계를 비롯한 일부에서는 여전히 이 제도를 경영권 침해로 보는 전근대적인 시각이 존재한다는 점에서 갈등의 요소가 내재되어 있습니다.

여러 현실적인 문제와 부정적인 주변 상황에도 불구하고 노동자를 기업 경영의 한 축으로 인정하고 경영의 투명성과 공익성을 확대하고자 하는 근로자이사제도의 도입은 거스를 수 없는 시대적인 과제라고 생각합니다. 아무쪼록 새 정부가 법적인 문제를 비롯해 근로자이사제 확산과 관련한 여러 문제를 선제적으로 해소해 선진적인 노사관계 모델 확립에 나서주길 기대합니다.

정책만으로 알 수 없는 정치 이야기: 계층 이동의 사다리

중간층이 튼튼해야 건강한 사회
지나친 격차는 개인의 출발선도 차이 나
불평등 차별에서 약자 보호해야

전 세계적으로 중산층이 줄어들고 있습니다. 중산층이 탄탄해야 성숙한 민주주의가 자리 잡고, 경제사회도 안정됩니다. 우리나라뿐 아니라 선진국에서도 중산층 붕괴가 심각한 양극화 현상을 낳아 몸살을 앓고 있습니다. 정권마다 중산층의 재건을 약속하면서 각종 정책을 내놓고 있지만, 제대로 해법을 찾지 못하고 있습니다. OECD 기준 중산층 비율은 매년 줄어드는 추세며, 중하위층은 크게 불어나고 있습니다.

한 국가나 조직이든 중산층이 튼튼해야 사회가 건강합니다. 한국 경제는 서구가 백여 년이 걸려야 이룰 수 있는 경제 발전을 단 30여 년 만에 따라잡았습니다. 그러나 흙수저, 금수저로 지칭되는 계급사회와 세습자본주의가 기회의 불평등을 초래하면서 사회기반을 위협하고 있습니다. 지나친 격차는 개인의 출발선을 다르게 만듭니다. 교육, 주거, 의료 등과 같은 평등한 기회를 제공해야 하는 분야에서도 출발선의 격차가 지나치게 큽니다.

교육을 통한 계층 이동이 가능할까요? 많은 조사 결과를 종합해 보면, 계층 상향 가능성에 대한 부정적 응답이 많았습니다. 계층 상승의 사다리 역할을 했던 교육이 사교육비 증가에 따라 소위 있는 집 아이들이 공부도 잘하게 되면서 개천에서 용 나던 시절이 끝났다는 것입니다. 이제 교육마저 계층 이동을 막는 걸림돌이 되고 만 것입니다.

계층 이동은커녕 빈곤함에서 탈출하는 것도 어려워져 서민의 박탈감은 커져만 갑니다. 개인의 노력과는 상관없이 부모의 능력과 신분에 따라 불평등 사회를 초래하여 사회적 상향 이동성이 거의 사라졌습니다. 경쟁이 바탕인 시장경제에서 빈부의 격차는 생길 수밖에 없습니다. 이제 격차를 넘어선 장벽 수준의 문제로 커진 만큼 국가 차원의 정책 개혁이 필요합니다.

누구에게나 평등한 기회를 제공해야 합니다. 부와 가난이 세습되면서 계층의 고착화가 심해지고 있습니다. 이러한 현실에서 청년층은 우리나라를 헬조선이라고 부르고, 자신이 흙수저 계급이라서 희망이 없다고 말합니다. 무엇보다 평등해야 할 교육의 형평성을 강화하고, 반값 등록금이나 고교 무상교육으로 교육비로 인한 가계비 지출을 줄여야 합니다. 선별적 복지로 성취 열망과 노력의 결과를 인정해줘야 계층 이동 사다리를 타고 올라갈 수 있습니다.

사회이동을 높이려면 우선 양질의 일자리를 많이 만들어야 합니다. 중소기업이 제대로 된 일자리를 제공할 수 있도록 대기업 위주의 차별이나 특혜를 없애 기반을 다져줘야 합니다.

또한, 불평등을 줄여 나가야 합니다. 불평등으로 인한 차별에서 약자를 보호해야 합니다. 경제민주화 정책이나 노동의 가치를 존중하여 불평등한 사회 양극화가 신분의 차별로 이어지지 않도록 서로 존중하고 존중받는 사회로 나아갈 수 있도록 인식이 바뀌어야 합니다.

2장

가장
지방적인 것이
가장 세계적인 것

01.
자치권 강화를 위한 지방공기업 경영평가제도 개선을 위하여

- 현행의 평가제도는 지방에 대한 부당한 통제와 간섭이다

일방적인 평가는 지방자치의 정의 망각
매년 경영평가로 수많은 행정적 낭비를 낳아
독자적인 경영평가 시행이 적절

최근에 '지방자치와 공공성 강화를 위한 지방공기업 경영평가 제도 개선방안 토론회'에 참석하였습니다. 현재 「지방공기업법」 제78조 및 제78조의2, 같은 법 시행령 제68조와 「지방자치단체 출자·출연기관의 운영에 관한 법률」 제28조 및 제29조, 같은 법 시행령 제19조에 따라 매년 투자기관과 출자·출연기관에 대한 경영평가를 시행하고 있습니다.

특히, 투자기관의 경우 행정안전부가 지방공기업평가원을 통해 매년 유형별로 경영평가를 하고 평가군별로 경영 수준에 따라 5단계(가~마) 등급을 부여한 결과에 따라 평가급 지급률 구간을 정해 최종적으로 지방자치단체가 성과급을 지급하는 기준으로 활용됩니다.

출자·출연기관의 경우 매년 서울시가 평가 전문기관을 선정해 경영평가와 동시에 시민만족도 조사를 시행하고 있으며, 공통지표와 기관별 특성을 반영한 사업지표로 구성된 평가지표를 기준으로 4단계(가~라) 등급별 기관성과급 지급기준으로 활용하고 있습니다.

관련 법령과 조례에 따라 평가가 의무화된 행정안전부가 실시하는 투자기관에 대한 경영평가와 출자·출연기관에 대한 서울시의 평가, 투자·출자·출연기관에 대한 서울시의 기관장 평가 외에도 서울시는 투자기관 핵심가치평가, 출자·출연기관에 대한 사업달성도 평가, 투자·출자·출연기관에 대한 혁신평가 및 서울협약 평가 등 다양한 비 법정평가 제도를 병행해 운영하고 있습니다.

그러나 별다른 비판 없이 수용했던 현행의 투자·출자·출연기관에 대한 평가제도는 행정안전부의 지방에 대한 부당한 통제와 간섭을 포함한 근본적인 문제에서부터 평가지표와 평가자료 활용을 포함한 제도 운용과 관련한 다양한 문제점을 내포하고 있어 이에 대한 토론과 개선이 요구됩니다.

현재 관련 법령에 따라 지방투자기관에 대한 경영평가는 행정안전부가 별도의 평가기관(지방공기업평가원)을 통해 매년 지방공사·공단·직영기업 등 340개(광역 60, 기초 280) 기업에 대한 경영평가를 시행하고 있습니다. 행정안전부는 지방공사 등의 성격에 따라 상수도, 하수도, 도시철도, 도시개발, 특정공사·공단, 시설관리공단, 환경시설관리공단 등 7개 유형으로 경영평가 유형을 구분하고, 리더십·전략, 경영시스템, 경영성과, 정책준수 등 4개 지표(12개 세부지표)에 따라 경영평가를 합니다. 물론 이 평가 결과는 5개 등급으로 분류되어 평가급 차등지급의 기준이 됩니다.

문제는 "행정안전부의 평가에 대한 정당성을 어떻게 인정할 것인가?" 하는 근본적인 물음에서 시작됩니다. 서울교통공사로 예를 들면, 지난해 지하철 운영과 관련해 3,917억원의 적자를 기록했습니다. 이 중 정부의 복지정책에 따른 무임승차 손실이 큰 비중을 차지하는데도 정부는 단 한 푼의 재정적 지원을 하지 않으면서 이들 지방 투자기관의 경영평가를 의무적으로 실시하는데, 이는 이해할 수 없는 구조입니다. 정부의 경영평가가 공기업의 방만 경영을 막고 서비스를 이용하는 시민들의 편익을 증진하는 데 있다면 재정 지원으로 지방공기업의 경영상황을 개선하는 데 도움을 주는 태도가 오히려 더 적절하다고 판단됩니다.

특히 지방자치제도를 안정적으로 정착시키고자 각 지방자치단체는 소속 공기업의 서비스 개선을 위해 노력 중이며, 각 지방자치단체 간의 서비스 경쟁을 통해 대시민 서비스까지 개선된 상황입니다. 또한, 서울시의 경우 투자기관 외에 출연기관에 대한 경영평가를 매년 하면서 핵심가치평가와 시민만족도 조사 등을 이미 실시하고 있어서 출연기관과 같이 지방자치단체가 독자적으로 경영평가를 시행하도록 하는 것이 적절해 보입니다.

지방자치제도의 주요한 가치 가운데 하나는 각 지방이 처한 특별한 상황에서 각기 다른 특색 있는 행정서비스 제공과 경쟁을 통해 시민의 편익을 증진하는 것입니다. 현재의 지방투자기관에 대한 행정안전부의 일방적인 경영평가는 지방자치의 기본정신을 망각하고 있는 것은 물론이고 평가의 실익이나 필요성도 인정하기 곤란한 과거 지향적 행정통제 장치라고 평가할 수 있습니다. 출자·출연기관에 대한 자체평가 결과를 행정안전부 장관에게 보고하도록 의무화하는 문제도 같은 맥락에서 폐지할 필요성이 있습니다.

만약 지방투자기관에 대한 행정안전부의 경영평가를 당분간 현재와 같이 유지할 수밖에 없다면 평가 주기를 중·장기로 전환하는 문제에 대해서도 고민할 필요가 있습니다. 매년 행정안전부의 경영평가에 대비하기 위해 각 투자기관은 수많은 행정적 낭비를 감당하고 있습니다. 따라서 일정한 등급 이상을 받은 투자기관의 경우 3년 정도 경영평가를 면제해 준다든지 혹은 일정 등급 이하의 평가를 받은 기관에 대해서만 다음 해 경영평가 대상으로 지정한다든지 하는 방법으로 경영평가의 주기를 조정하는 문제에 대해서 검토할 필요성이 있습니다.

- 시민의 세금으로 운영하는 기관은 시민에게 평가받는다

> 직접 서비스를 받는 시민 중심으로 구성
> 과거 권위주의 입맛에 맞는 지표는 없어져야

서비스 수혜자 중심의 평가제도 도입이 필요합니다. 현재 지방투자기관에 대한 행정안전부의 평가는 크게 4가지 지표(리더십/전략, 경영시스템, 경영성과, 정책준수)와 12개 세부지표로 구성된 평가지표에 따라 평가하고 있습니다. 대부분은 공통적인 지표를 사용하지만 주요사업 활동, 주요사업성과, 경영 효율화 분야에서는 공기업별 특성에 따라 분류된 지표에 따라 평가합니다. 문제는 이와 같은 평가지표가 공정하다고 단정할 수 없을뿐더러 주요 공공서비스 수혜자인 시민과 괴리된 평가라는 인상을 지울 수 없습니다.

기업별 설립 목적이나 제공 서비스가 다양한 상황에서 경영 효율화 지표나 경영성과 지표가 절대적으로 동등할 이유가 없습니다. 공기업의 경우 업무 특성에 따라서 서비스 수혜자에게 맞는 서비스를 제공하는 과정에서 불가피하게 적자나 비효율적 조직 운영을 감내해야 하는 부분이 분명히 존재합니다.

예를 들어, 구의역 스크린 도어 사고는 만성적인 재정적자 부담을 견디지 못하는 상황에서 경영 효율화를 위해 안전문제와 직결된 부분을 외주화함으로써 경영수지의 효율성 향상과 최소한의 조직으로 운영할 수 있으나, 시민의 안전에 대한 기대감은 감소하였습니다.

각종 안전사고가 발생하면 경영평가에서 절대 좋은 점수를 받을 수 없습니다. 하지만 시민의 안전을 위해 조직이나 예산을 늘리면 경영효율성에서 피해를 보는 비논리적인 상황이 발생합니다. 결국 시민에게 적절한 서비스를 제공하는 공기업의 설립 목적에 비추어 볼 때, 평가지표를 구성하는 주체는 서비스의 직접적인 혜택을 받는 시민 중심으로 구성되어야 타당합니다.

물론 현재도 시민만족도 조사 등과 같은 아주 제한적인 측면에서 서비스 수요자의 의사가 일부 반영되고 있습니다. 그러나 무작위로 뽑히는 만족도 조사 대상자가 해당 서비스의 핵심 수요자인지 의구심이 생깁니다. 따라서 최초의 평가지표 구성에

서부터 서비스 수혜자들이 직접 참여하는 형태로 제도를 손질할 필요가 있습니다. 결국, 각 공기업의 특성과 업무영역에 따라 서비스를 받는 직접 수혜자가 가장 중요하게 생각하는 가치에 대한 평가가 가능한 구조로 평가시스템 자체를 변화시켜야합니다. 이와 함께 정책준수 항목과 같은 과거 정부 중심의 평가지표는 이제 없어져야만 합니다.

과거 권위주의 시대에서나 정부의 입맛에 맞는 공기업에 떡주듯 좋은 평가를 주고 지방 공기업을 길들이고자 하는 지표의 연장선일 뿐입니다. 정부 정책을 아무런 지원도 받지 않는 지방 공기업이 준수해야 하는지도 의문이며, 그런 정책준수 의지를 확인하지 않아도 대부분 지방공기업은 청년 일자리 확대와 사회적 공헌을 포함해 시민들로부터 사랑받기 위해 나름의 노력을 다하고 있습니다.

- 평가 제도의 행 · 재정적 낭비 요인을 제거해야 한다

> 고유 업무 외에도 추가 업무로 인한
> 시민에 대한 서비스 제공이 아니라,
> 평가를 위한 정보 제공에 최선을 다하는 기형적 행태

경영평가 제도의 행 · 재정적 낭비 요인을 제거할 필요가 있

습니다. 지방공기업과 출자·출연기관에 경영평가를 포함한 각종 평가제도는 엄청난 부담입니다. 매년 3월에서 6월 사이에 투자기관을 대상으로 하는 행정안전부의 경영평가를 비롯해서 서울시가 자체적으로 시행하는 핵심가치평가를 포함한 각종 평가가 1월부터 7월 사이에 집중적으로 몰려 있습니다. 이 시기에는 적어도 이들 기관의 1개 팀 이상은 평가 업무를 전담해야 하며, 평가지표에 맞는 각종 자료를 만들어 제출하기 위해서 각 부서의 담당자들은 자신의 고유 업무 이외에 과외 일을 추가로 부담해야 합니다.

매년 반복되는 일이라고 해서 소홀히 할 수도 없는 구조입니다. 기관장의 연봉과 성과급은 물론이고 전체 직원들의 성과급 지급 비율이 평가결과에 직접 영향을 받기 때문에 가진 최선의 역량을 평가에 쏟아부어야 하는 것이 현실입니다.

본연의 일을 열심히 하다 보면 자연스럽게 좋은 평가를 받는 구조가 되어야 합니다. 그런데 기관의 성과를 누가 어떻게 잘 포장하는지가 조직원 전체의 성과로 평가받는 구조가 변하지 않는다면 시민에 대한 각종 서비스 제공이 아니라 평가 수행기관에 대한 정보 제공에 최선을 다하는 기형적인 행태가 달라지지 않을 것입니다.

평가와 관련한 조직의 역량이 많지 않거나 조직 규모가 작아서 평가를 전담하는 조직을 별도로 운영하기 어려운 경우에 상대적으로 더 큰 손해를 감수해야 한다면 이런 평가 결과를 공정하다고 받아들이기 어려울 것입니다. 따라서 평가제도의 근본적인 개혁과 함께 단기적으로는 경영성과의 상시 등록을 통한 별도의 추가적인 행·재정적 부담을 최소화하는 평가시스템을 구축해야 합니다.

시민의 세금으로 운영되는 기관의 태동을 고려해 보면 납세자인 시민에게 경영성과를 공개하고 평가받기 위한 지방투자·출자·출연기관에 대한 평가는 어떤 형태로든 존재할 수밖에 없습니다. 실제 평가 과정에서 지방자치에 대한 지나친 통제와 간섭으로 지적될 수 있는 행정안전부의 직접 평가와 평가 결과 통보 의무화 조치 등 지방자치의 정신에 반하는 일부 제도는 시대 상황에 맞게 정비할 필요가 있습니다.

아울러, 서비스의 직접 수혜자 측면에서의 평가 시스템 구축을 통해 공공기관이 갖는 특성을 고려한 합리적인 평가 제도를 갖추어야 합니다. 공공기관의 입장에서 소홀히 할 수 없지만, 또 한편 부담일 수밖에 없는 평가제도의 운용과정에서의 합리성에 대해서도 충분한 논의와 토론이 필요합니다.

02.
'진짜' 자치분권으로 개인의 권리 찾기

- 주민의 요구에 민감한 생활정치가 좋은 정치

중앙정부 대 지방자치단체
생활의제 발굴과 정책 실현으로 서로 경쟁해야
국민의 삶의 질 향상

현대 국가는 그 규모와 영역이 광대하고 복잡하여 주권자인
국민이 직접 모여 국가의 중대한 문제를 직접 결정하는 직접 민

주주의를 실시할 수 없습니다. 따라서 현대 민주주의는 선거를 통해 대표를 선출하여 일정 기간 권력을 위임합니다. 대표는 일정 기간 권력을 행사하여 통치하고 임기가 끝나면 다시 주권자인 국민의 선거를 통해 재신임을 묻습니다. 이러한 대의 민주주의와 체제에 대한 간단하고 설득력 있는 우화가 있습니다. 마이클 더글러스의 '마우스랜드' 와 법륜 스님의 이야기입니다.

생쥐들의 나라 마우스랜드의 생쥐들은 5년마다 투표를 해 거대하고 뚱뚱한 검은 고양이를 지도자로 뽑았습니다. 고양이들로 이뤄진 정부는 '좋은' 법을 통과시킵니다. 고양이의 발이 들어갈 수 있도록 쥐구멍이 충분히 커야 하고, 모든 생쥐는 일정한 속도 이하로 달리도록 규정했습니다. 고양이가 쥐를 편하게 잡을 수 있도록 한 '좋은' 법이었습니다.

삶이 고통스러워지자 생쥐들은 흰 고양이를 새 지도자로 뽑았습니다. 흰 고양이는 쥐구멍의 모양이 문제라며 쥐구멍을 원형에서 사각으로 바꿨습니다. 사각 쥐구멍의 크기는 종전보다 두 배 더 커졌습니다.

생활이 이전보다 더 어려워지자 생쥐들은 다시 검은 고양이를 뽑았다가 흰 고양이를 뽑았다가를 반복했습니다. 때로는 반은 희고, 반은 검은 고양이를 뽑았습니다. 생쥐들은 그러다 고양이의 색깔이 문제가 아니라는 것을 깨닫게 됩니다.

"대체 왜 우리는 고양이들을 정부로 뽑는 거야? 생쥐로 이뤄진 정부를 왜 뽑지 않는 거지?' 너무나 당연한 물음이지만, 다른 생쥐들이 말합니다. "오, 빨갱이가 나타났다. 잡아넣어라!"

그래서 생쥐들은 그를 감옥에 가둬버립니다. 마이클 더글러스는 이렇게 말합니다.

"생쥐든 사람이든 감옥에 잡아넣을 수는 있지만, 생각까지 잡아넣을 수는 없다."

법륜 스님은 우리나라 기득권 세력이 정권을 유지하는 방식을 이야기하고 있습니다.

"그동안 보수 기득권 세력은 투표율이 60%이면 10명 중 4명은 선거에 참여하지 않으니 3명만 꼬셔도 정권을 연장할 수 있었습니다. 한 명은 돈으로 꼬시고 한 명은 지역감정으로 꼬시고, 또 다른 한 명은 언론을 통해 꼬시면 50%의 지지로 기득권 정권의 연장이 가능했습니다. 그러니 투표해야 합니다. 세상을 바꾸기 위해서는 반드시 투표해야 합니다."

저는 위 이야기를 지난 대선 때, 우리 지역에서 유세를 하면서 인용하곤 했습니다.

현대 민주주의는 대의제 민주주의이기 때문에 대표를 뽑아 권력을 위임합니다. 그리고 그 대표는 정당이 추천한 후보를 뽑습니다. 그래서 민주주의는 또한 정당 민주주의이기도 합니다. 그래서 후보도 중요하지만 정당도 중요합니다.

현명한 우리 국민은 촛불 집회를 통해 새로운 정권을 선택했습니다. 일반적으로 정당은 정권 획득을 목표로 한 정치 결사체이므로 주권자인 국민의 지지와 성원을 이끌어내기 위해 노력합니다. 대의민주주의 체제에서는 국민의 주권을 매개하는 매개체인 정당, 언론, 노동조합, 시민단체 등의 민주화를 끊임없이 요구해야 합니다.

다른 한편으로 이러한 주권자의 직접적인 주권 행사가 가능한 지역 공동체 단위의 지방자치는 대의제 민주주의의 한계를 보완하는 근본 기제이기도 합니다. 저는 지방의원으로 활동하면서 민주주의를 강화하는 근본적인 방식의 하나로 지방자치 확대에 대해 꾸준히 강조해왔습니다.

우리나라는 제헌국회에서 1949년 「지방자치법」을 제정하였고 1952년에 최초로 지방의회를 설치하였으나 1961년 5·16 군사 쿠데타로 지방의회가 해산되었다가 1991년 주민 투표로 지방의원을 선출하고 1995년에는 지방자치단체장을 민선으로 선출하면서 지방자치의 새로운 시대가 열렸습니다.

그러나 우리나라의 행정은 과거 군사 정부가 집권하면서 중앙 집권형으로 지방자치제도를 인정하지 않으려는 고정관념이 강한 편입니다.

게다가 사회와 국민의 법의식이 변화하면서 중앙집권적 체제로는 해결할 수 없는 많은 문제가 발생하고 있습니다. 특히, 국회가 모든 사항, 즉 지역적인 문제까지 규정한다는 것은 현대와 같이 복잡다단한 사회에서는 불가능합니다. 아울러 중앙정부에서 모든 권한을 행사하면서 중앙집권화를 한다는 것은 현실적으로 어려우며 시대적 조류와 국민의 요구에도 맞지 않은 실정입니다.

오늘날 대부분의 선진국은 지방의 자율성과 창의성을 존중하는 지방분권을 통하여 행정의 효율성을 높이고 주민의 편익을 증진하여 지역적 특성에 맞는 발전으로 국가경쟁력을 강화하고 있습니다.

이제 성년의 나이가 된 우리의 지방자치가 제대로 된 권한과 책임을 갖춘 성인이 될 수 있도록 과거에 머문 지방자치권을 현실에 맞게 적극적으로 확대하여 성장시킬 필요가 있습니다. 지방자치의 양축인 지방자치단체장과 지방의회가 상호 견제와 감시를 통하여 주민의 편익을 최대화하도록 지방의회에 자율성과 역할을 충분히 보장해 주어야 합니다.

시민의 생활에 직접 영향을 미치는 정책을 수립하고 피부에와 닿는 행정서비스를 제공하려면 무엇보다 현장에 밀착하여 문제점을 발굴하고 지역적 특성을 고려한 전문적이고 신속한 대응이 필요합니다.

하지만 중앙정부는 전국을 대상으로 정책과 행정을 제공하고 있어 밀착형 생활정치에는 맞지 않습니다. 시민과 가까이에 있는 지방자치단체는 지나친 중앙정부의 통제와 간섭으로 시민의 요구와 지역적 특성에 따른 맞춤형 행정을 제공하는 것에 제한을 받는 실정입니다.

정치는 시민의 요구에 민감하게 반응하고 일상에서 직접 체감하는 생활정치로 거듭날 때 쓸모가 있습니다. 중앙정부와 지방자치단체가 생활 의제를 발굴하여 정책을 실현하면서 서로 경쟁하여 국민 삶의 질을 향상해야 합니다. 그러려면 지방자치단체가 지역의 사무를 주민 의사에 따라 자율적으로 처리할 수 있게 필요한 재원과 권한을 보장받는 지방분권이 반드시 필요합니다.

〈 '서울특별시의회 지방분권 TF출범과 문재인 정부의 자치분권 로드맵〉

최근 진행 중인 중앙정부의 지방분권 개헌 논의에서 지방자치단체장과 지방자치의 양축인 지방의회에 대한 부분이 지나치게 간과되고 있어 이에 대한 인식을 제고할 필요가 있습니다.

이에 따라 '서울특별시의회 지방분권 TF' 에서는 2017년 3월 지방분권 실현을 위한 국회토론회를 개최하여 지방분권의 필요성과 주요 의제에 대해 적극적인 언론 홍보를 펼쳤습니다. 2017년 4월에는 지방의회의 역할과 기능 강화가 빠진 '행정안전부의 로드맵 수정' 과 정책지원 인력 및 의회 사무기구 인사권 독립을 규정한 '지방자치법의 통과' 그리고 지방의회법의 제정을 촉구하는 「서울특별시의회 지방의회 위상강화 및 지방의회법 발의 촉구 결의안」을 의결하였습니다.

그 외에도 지방분권 방향과 내용에 대한 서울시의회의 태도를 결정하여 국정기획자문위원회, 더불어민주당에 전달하는 등 지방의회의 역량 강화를 통한 균형 잡힌 지방분권이 될 수 있도록 노력하고 있습니다.

서울특별시의회에서도 지방분권을 실현하기 위한 구체적인 방안을 마련하고자 2016년 11월에 '서울특별시의회 지방분권 TF'를 구성하여 자치입법권, 자치조직권, 자치재정권, 지방분권형 헌법개정 추진 등 지방의회의 주요 현안 의제에 대한 논의를 진행했습니다. '서울특별시의회 지방분권 TF'는 지방분권을 위한 주요 이슈에 대해서는 여야를 뛰어넘는 초당적 협력방안을 마련하고 적극적으로 대응코자 내·외부 전문가로 위원을 구성하였습니다.

서울시의회에서는 신원철 의원(서대문1, 더불어민주당)을 단장으로, 자유한국당에는 성중기 의원(강남1)과 송재형 의원(강동2)이, 국민의당에서는 김광수 의원(노원5), 더불어민주당에서는 유찬종 의원(종로2)과 서윤기 의원(관악2) 그리고 제가 참여하였습니다.

문재인 대통령 당선 이후 새 정부는 '분권형 헌법개헌'과 함께 '연방제수준의 지방분권'을 추진하겠다는 뜻을 거듭 밝혀왔고 이에 따라 행정안전부는 지난 10월 26일, 여수세계 박람회장에서 전국 시·도지사 간담회를 열어 「자치분권 로드맵」 초안을 발표하였습니다. 이에 따르면 그 동안 중앙정부에 집중됐던 행·재정적 권한을 지방자치단체로 대폭 이양하고 동시에 지방자치단체의 역량을 강화하겠다는 내용입니다.

하지만 로드맵의 30대 과제 중 주민의 대표기관인 지방의회를 위한 과제는 '지방의회 역할 확대'라는 한 가지 분류 안에 ① 의장의 사무직원 인사권 확대 ② 입법정책 전문인력 지원 ③ 지방공기업 인사청문회 도입 등 단

세 가지만 세부과제로 선정되었습니다.

따라서 중앙권한의 획기적인 지방이양을 통한 단체장의 권한 확대와 재정 분권, 조직과 인사상의 자율권 확대 등 대부분이 단체장의 자치역량 강화를 중심에 두고 있어 '강시장 - 약의회형'의 기울어진 운동장 구조를 더욱 고착화할 우려가 있습니다.

'자치와 분권', '자율과 책임에 입각한 실질적인 지방자치'를 구현하려면 지방의회와 단체장 간에 적절한 균형과 견제가 확립된 가운데 지방의회가 단체장을 제대로 감시할 수 있어야 하며 이를 위하여 지방의회의 기능을 더욱 확대하고 강화할 필요가 있습니다.

- 지역공동체와 풀뿌리 민주주의를 실현하려면

지역이라는 공간에서
환경, 문화, 역사, 일상생활을 공유
최소한의 단위인 지역공동체

최근 '지역공동체'라는 말을 자주 사용하고 있습니다. 지역공동체는 공동체 성원 간에 지역이라는 공간을 공유하는 것을 바탕으로 생활환경과 문화, 공간의 역사, 그리고 일상생활을 공유한다는 의미입니다. 무엇보다도 일정 지역을 기반으로 하므로 결속력 아래 구성원의 삶의 질을 유지 · 개선하고 공통의 사회

경제적 이익을 보호하는 목적을 가진 결사체로써, 소속감과 호혜성을 생산할 수 있는 상호작용이 이루어지는 '최소한의 단위'이자, 가장 중요한 지방자치의 기본 요소에 해당합니다.

지역공동체 성원들은 비슷한 생활 모습, 의식, 가치, 행위 양식, 정체성을 공유하는 정도가 높습니다. 우리는 모두 작은 단위의 지역에서 생활하고 있어, 우리가 사는 지역이 발전하고 행복해야 삶의 질이 향상되어 본래 의미의 지방자치 목적을 달성할 수 있습니다.

지방자치제도를 '풀뿌리 민주주의'라고 표현합니다. 풀뿌리는 물과 양분을 흡수하여 공급해주는 원천으로 식물을 성장시키는 데 없어서는 안 될 존재입니다. 지방자치를 발전시키는 '지역공동체'의 역할은 풀뿌리 민주주의의 근간이며, 민주주의에 없어서는 안 될 성장 발전의 원천이 되는 조직입니다. 지역공동체 기반의 생활자치가 활성화가 되어야 지방자치가 성숙한 형태로 발전할 수 있습니다.

지방자치제 실행은 주민참여를 매우 긴요한 과제로 제기합니다. 지역공동체의 형성은 주민참여를 기반으로 지방자치체제의 발전이라는 사회적 중요성을 가집니다. 따라서 지역공동체의 활성화는 내생적 지역 발전뿐만 아니라 풀뿌리 민주주의의 성공적 정착을 위해 반드시 실현되어야 하는 조건입니다.

지방자치단체장을 선출하는 자치단체는 공간적, 시간적, 정책집행적 등등의 측면에서 한계가 있습니다. 주민과 실질적인 생활접점이 있는 근린차원, 생활현장, 공간적 차원에서의 자치적 기능을 수행해야 하며, 생활자치, 주민자치가 이뤄져야 합니다. 그리고 그 중심에는 지역공동체가 있어야 합니다. 지역의 문제를 스스로 고민하여 이웃과 함께 이를 해결해 나가고, 우리가 사는 지역이 발전하고 행복해야 진정한 의미의 지방자치 목적을 달성할 수 있습니다.

또한, 지역주민의 자발적이고 꾸준한 참여를 도모하는 지역공동체 역량 강화 방안을 제시해야 합니다. 이를 위해 어떤 지역이나 장소를 함께 공유하는 공간을 기반으로 지속적인 상호작용이 필요합니다. 친밀감, 소속감을 느끼며 행동이나 목적을 같이하는 집단으로 지역공동체를 개념화할 수 있기 때문입니다. 이 점을 바탕으로 해야 지역공동체의 역량으로 지역이 주도하는 지역을 만들 수 있습니다. 지역문화를 활성화하려면 지역주민이 지역문제를 스스로 찾아내고, 해결할 수 있는 주체적 의식 및 행동과 상호작용 능력이 필요합니다.

- 공동체성이 살아있는 마을 만들기 운동

참여와 자치에 대한 인식 강화
스스로 연대하고 협력하여 발전시켜야
주민 간 공동체성 회복

산업화 · 도시화의 급속한 물결로 인하여 사회 전반에 걸쳐 개인주의가 팽배하면서 공익적 덕목이 소멸하고 그로 인해 공동체의 가치가 파괴되고 공공생활이 악화되었습니다. 특히 도시에서의 삶은 공적 질서유지와 시장의 요구에 종속되면서 전통적인 지역공동체가 와해되었습니다. 개인들은 무차별적인 경쟁과 갈등 상황에 내밀려 파편화된 인간관계, 소외된 생활세계 등 삶의 황폐화에 직면하고 말았습니다.

이처럼 삶이 파편화되고 소외될수록 이에 대응하려는 사회적 반작용력이 향상하였는데, 이것이 바로 지역공동체의 형성 혹은 공동체성의 회복입니다. 지역공동체를 복원하고 활성화하려는 집합적 노력은 도시와 농촌을 불문하고 다양하게 일어나고 있습니다. 특히, 도시는 공유 공간을 가진 사적 주거공간을 통합하고, 공유 공간의 적절한 설계와 배치를 통해 지역성에 기초하는 공동체를 달성할 수 있다는 운동이 일어나고 있습니다. 예를 들면, 작게는 아파트공동체의 복원사업에서부터 크게는 살기 좋은 도시 만들기 사업 등입니다.

서울시 다양한 지역에서 전개되는 마을 만들기 혹은 마을 공동체 구축을 위한 움직임이 활발해진 원인에는 두 가지가 있습니다.

첫째, 마을 만들기 운동의 궁극적인 지향점은 주민 간의 공동체성을 회복하고 이를 바탕으로 지역사회의 사회적 자본을 구축하기 위한 일종의 문화적 혹은 시민적 접근이 나타났다는 것입니다.

둘째, 지방자치시대가 본격화되면서 주민 참여와 자치에 대한 인식이 강화되었습니다. 지역 현안을 해결하고 내부 발전을 유지하려면 중앙정부나 지방정부의 행정적 노력만으로는 불가능합니다. 지역주민 스스로 자발적으로 연대하고 협력하여 발전을 이루어야 한다는 공동체적 인식이 확산되면서 마을 만들기 운동이 본격화되었습니다.

지역의 공동체성 회복과 주민참여의 활성화라는 측면이 강조되면서 마을 만들기 운동은 자연스럽게 주민자치의 강화로 이어지고 있습니다. 마을 만들기의 다양한 사례는 지역을 발전시키려는 주민의 관심과 참여가 점차 고조되면서 지방자치 행정에 대한 주민의 주체성과 책임감도 커진다는 것을 보여줍니다.

갈수록 향상하는 주민의 생활 및 의식 수준은 주민 스스로 지방행정에 적극적으로 참여하고자 하는 의지와 욕구를 증진합니다.

- 지방의회가 나가야 할 길

9만6천 명을 대표하는 시의원은
오로지 개인 역량으로만 이끄는 실정
정책 지원 전문 인력 절실히 필요

　지방자치제도는 지방정부의 의결기능과 집행기능을 각각 지방의회와 지방자치단체장에게 분담시켜 각 기관의 상호 견제와 균형을 통하여 지방자치를 유지해 나가는 기관대립형 구조를 채택하고 있습니다. 하지만 지방자치단체장의 권한과 조직은 날로 비대해지는 반면에 지방의회의 권한은 제한적이고 지원체계는 여전히 답보상태에 머물러 있어 기능과 역할을 제대로 수행하는 것에 어려움을 겪고 있습니다.

　단적으로 광역 지방자치단체인 서울시에는 우리나라 인구의 20%인 천만 명의 시민이 거주하고 있습니다. 서울시의회의 경우 서울시청과 서울시교육청을 합쳐 매년 약 40조원 이상의 예산을 심사하고 약 576건의 조례안, 동의안, 의견청취안 등을 처리하고 있습니다(서울시의회 홈페이지 의안접수 결과에 따르면 2014년 7월 1일에서 2017년 6월 30일까지 총 1,730건 처리).

이처럼 지방행정이 날로 복잡해지고 규모가 커지고 있어 광역 지방의원의 개인적인 노력만으로 지방 정책 결정의 전 과정을 조사하고 분석하는 것은 불가능합니다. 특히, 17만3천 명을 대표하는 국회의원은 9명의 보좌 인력과 연간 4억 원의 인건비가 지급되지만, 9만6천 명의 시민을 대표하는 서울시의원은 단 한 명의 보좌 인력도 없이 오로지 개인 역량에 좌우되어 지방행정을 이끌어 가는 힘든 실정입니다.

회기 중의 각종 예산과 정책사업 자료는 의원 본인이 밤을 새워서라도 숙지해야 합니다. 특히, 정례회 기간의 예·결산, 행정사무감사에 필요한 소관 기관의 방대한 자료를 혼자서 온전히 숙지하고 질의서를 작성해야 합니다. 아울러 회기 중이거나 비회기 중이든 정당 활동과 지역구 활동을 병행해야 합니다.

본 의원의 경우 선거구 내에 5개 동이 있고, 동별 주민자치위원회를 비롯하여 월 1회 이상 정기모임을 하는 각종 직능단체가 10여 개 이상 있습니다. 이들 모임에 참석하여 현안을 설명하는 자리가 매달 60회 이상입니다.

이외 각종 향우회, 산악회, 경조사 등을 고려하면 매월 100~150개의 모임에 참석해야 합니다. 물론 이런 모임에 참석하는 것이 의무는 아니지만, 주민과 직접 소통하여 고충을 듣기 위해서 가능한 한 자주 참석해야 합니다.

시민의 대의기구로서 지방의회가 방대한 지방자치 단체 집행부를 감시하고 견제하기 위해서는 정책지원 전문 인력이 절실히 필요합니다. 초선이거나 상임위를 변경할 경우, 의원 개인이 집행부 업무를 정확히 파악하고 견제와 감시할 수 있으려면 상당한 시간과 노력이 필요합니다. 이러한 기간에는 아무리 의원 개인이 노력한다고 하더라도 집행부 견제와 감시에 공백이 생길 수밖에 없습니다. 정책 지원 인력은 지방의원 개인의 업무에 도움을 주는 개인 비서나 보좌관이 아닙니다. 시민의 대표로서 지방의원이 시민의 권익신장과 복리증진 및 시정발전을 위해서 꼭 필요한 인력입니다.

또한, 기관대립형 중 강시장 - 약의회형인 우리나라는 사무기구 인사권에 문제가 있습니다. 「지방자치법」 제92조 제1항에서 "지방의회의 사무처장 · 국장 또는 과장은 의장의 명을 받아 의회의 사무를 처리한다."라고 규정하고 있지만, 지방의회 사무직원의 인사권은 제91조 제2항에 따라 집행기관의 장이 갖고 있습니다.

이에 따라 지방의회의 사무기구를 지방자치단체의 사업소 조직으로 운영하며 지방의회의 견제 · 감시의 대상인 지방자치단체장이 지방의회 사무기구의 직원에 대한 인사권을 가지는 모순이 있습니다. 그 결과 잦은 순환근무로 사무직원의 전문성 확보가 어려우며 지방의회의 사무직원들은 자신이 복귀할 집행기관의 견해를 대변하는 경우가 적지 않아 사무직원들의 적극적인 의정활동 지원을 기대하는 것이 어려운 실정입니다.

따라서 의회 사무기구의 인사권을 집행기관의 장이 행사하는 것은 의회의 권한과 역할 수행에 구조적인 한계가 있음을 의미합니다. 집행기관과 함께 지방자치를 지탱하는 양축인 지방의회가 집행기관과 독립적이고 자율적인 대등한 관계를 유지하려면 의회 사무기구의 인사권 독립이 필요합니다.

무엇보다 지방의회는 주민의 대표기관입니다. 즉 지방의회는 주민을 대신해 주민의 의견을 수렴하여, 지역문제를 결정하고, 필요로 하는 예산을 의결하는 곳입니다. 주민을 대표하여 집행기관을 감시 및 통제하며, 주민의 민원을 해결하기도 합니다. 이러한 지방의회의 위상과 역할을 확실히 할 필요가 있습니다. 지방의회가 주민대표기관으로서 위상과 역할을 회복하기 위해서는 무엇보다도 의정활동에 있어서 주민과의 관계를 다시 설정할 필요가 있습니다.

첫째, 지방의회에 대한 접근성을 높여야 합니다. 지방의회 건물, 회의실 등을 주민에게 개방하여 주민의 편익을 위한 공간으로 거듭나도록 하고, 지역문제에 대한 정보서비스 활동의 강화, 지방의회의 개원시간과 주민의 여가시간 일치, 다양한 매체를 통한 지방의회 활동 공개 등을 적극적으로 추진할 필요가 있습니다.

둘째, 의정활동 과정에 일반 주민을 참여시키는 방법을 강구해야 합니다. 주민참여예산제도가 지방재정법에 규정되어 있지만, 충분히 활성화되지 못하고 있습니다. 주민생활과 직결되는 예산편성에 주민의 의견을 직접 듣는 절차를 마련해야 합니다.

셋째, 지역의 주민단체나 전문가를 충분히 활용해야 합니다. 지방자치단체의 집행기관인 행정인력에 비하여 지방의회는 전문성이 취약합니다. 필요한 경우에 주민단체도 의정활동에 참여시켜 다양한 이해관계를 표출할 수 있어야 합니다. 지방의회가 주민의 대표기관이라고 체감할 수 있어야 지방의회와 지방정치가 활성화됩니다.

지역공동체나 지방자치는 나와 무관하다고 생각하는 사람들이 많습니다. 그러나 지역공동체와 지방자치는 나와 내 가족이 안심하고 잘 먹고 잘 사는 데 도움이 되는 제도입니다. 다소 번거롭더라도 지역공동체 내에서 이웃과 연계하여 사는 것이 결과적으로 유익합니다. 주민자치회를 통해서 지역공동체 주민자치의 기능을 조금씩 달성한다면 지역 발전에 크게 기여할 수 있습니다.

국회 입법조사처 주관 지방의회 의정 지원 강화를 위한 전문가 간담회

맹진영(서울특별시의회의원)

1. 지방의회 인사권 관련 논의

기관대립형 중 강시장 · 약의회 형에 해당하는 우리나라의 경우 지방의회의 협소한 권한과 의정활동에 대한 지원 부족으로 날로 확대되는 집행기관의 권한과 책임을 감시 · 견제하는 것에 어려움을 겪고 있습니다.

지역주민의 대표인 지방의회의 정책능력을 제고하고, 집행기관에 대한 실질적 통제를 확보하기 위하여 의정활동의 전문성을 갖춘 사무기구의 지원이 절실합니다. 하지만 지방의회 사무직원의 인사권을 지방자치단체장이 행사하면서 잦은 순환근무로 인하여 사무직원의 전문성 확보가 어려우며, 지방의회 사무직원들은 자신들이 복귀할 집행기관의 입장을 대변하는 경우가 적지 않아 사무직원들의 적극적인 의정지원을 기대하는 것이 어려운 현실입니다.

지방의회는 집행기관에 대하여 독립적이고 자율적이며 대등한 관계의 유지가 요청되며, 이를 위하여 사무기구 인사권의 개선이 필요합니다.

우선, 현행제도의 유지 개선안으로①의장의 추천권 강화 ② 파견된 일반공무원의 경험을 축적하여 의정활동의 전문성을 제고할 수 있도록 최소한의 근무기간을 정하여 인력배치를 하자는 방안입니다.

또한, 의장의 인사권 확대 방안으로 ①인사권자의 이원화 방안으로 일반행정사무를 담당하는 사무직원의 인사권은 지방자치단체장이 가지고, 의정활동 지원업무를 담당하는 사무직원의 인사권은 지방의회 의장이 가지도록 하여 사무직원의 담당업무 성격에 따라 인사권을 이원화하자는 의견입니다. ② 의회전문직에 대한 의회직렬을 신설하는 방법으로 사무직원의 업무 성격에 따라 인사권을 이원화하고, 직무의 성격상 핵심적이고 전문적인 의정활동을 담당하는 전문위원 등의 사무직원을 대상으로 의회직렬을 신설하고 의장에게 임명권을 부여하는 방법입니다.

이러한 인사권 개선 방안의 논의들은 각기 장·단점을 갖고 있습니다. 의장의 추천권 강화와 의회 근무기간의 보장은 법령의 개정 없이 집행부와의 협의를 통하여 바로 시행할 수 있다는 점이 장점이지만, 사무기구 인사권 부재에 따른 구조적인 문제점과 한계를 극복할 수 없습니다. 또한 집행기관과의 인사교류를 전제로 하는 인사권 이원화 방안은 집행기관의 영향을 완전히 배제할 수 없으며, 지방의회의 자율성과 독립성을 온전하게 확보할 수 없는 한계가 있습니다.

이런 점들 때문에 기존의 인사권 개선 방안의 논의들에 대한 단계별 방안을 검토할 수 있으나, 의회직렬을 신설하고 지방의회 의장이 사무직원의 인사권을 행사하는 것이 최선의 방안이라 할 수 있습니다. 그러나 이에 따라 발생하는 문제점과 해결방안은 검토가 필요합니다.

(1) 소수직렬화와 인사적체의 개선방안

의회직렬을 신설하면 타 직렬에 비하여 인원이 매우 적은 소수직렬에 해당하여 인사적체의 문제가 발생할 수 있습니다. 이에 대한 해결책으로 우선 광역자치단체 내 광역의회와 기초의회의 인력을 통합하는 방안과 광역의 범위를 행정구역과 상관없이 권역별로 설정하는 방안(예를 들면, 수도권 · 중부권 · 영남권 · 호남권) 등을 통하여 인력운영을 광역화할 수 있습니다.

(2) 사무직원에 대한 정실인사의 배제방안

2년마다 개편되는 의장단 및 상임위원회의 구성에 따른 사무직원 인사의 인위적 정실인사를 배제할 방안으로 지방의회 의장이 사무직원에 대한 임명권을 갖되, 지방의회 본회의에서 승인을 받은 사무기구의 장이 사무직원들에 대한 인사를 총괄하게 하고, 지방의회의 인사위원회와 소청심사위원회의 설치에 관한 조례를 제정하여 운영한다면 사무직원의 인사의 공정성과 투명성을 확보할 수 있습니다.

지방자치의 양축의 하나인 지방의회의 기능 복원과 지방의회의 전문성 및 효율성의 제고가 시급하며, 지방의회 사무기구의 독립성과 자율성을 보장하는 것은 지방자치의 실현을 위한 최소한의 필요 요건이며 더 이상 미룰 수 없는 과제입니다.

2. 지방의회 의원 정책지원 인력에 대한 논의

지방자치제와 관련해서 지방의원들은 이중의 정치 불신을 겪고 있습니다. 중앙 정치와 정치 일반에 대한 불신과 함께 27년을 맞고 있는 지방자치와 지방의원에 대한 불신은 일반적인 정치 불신보다 상대적으로 더 깊습니다. 특히 지방의원의 역량과 수준에 대한 불신과 오해가 자치의 확대보다는 중앙의 통제에 정당성을 심어주고 있습니다. 특히 지방의원들은 정책지원 인력의 부재로 집행부의 견제와 균형이라는 올바른 대의기구의 작동이 제대로 이루어지지 못하고 있습니다.

서울시는 인구 천 만, 교육청 예산을 포함하여 약 43조원 이상의 예산을 집행하는 작은 정부입니다. 서울시의원은 약 10만 명 시민들의 대표이며, 의원 1인당 4,000억원 이상의 예산을 심의 의결하고, 18,000여 명의 집행부 공무원들을 견제하고 감시해야 합니다. 서울시의원은 약 120일 정도의 회기에 본회의와 상임위에 출석하여야 하고 특별위원회, 각종 위원회 활동, 민원처리 등을 위해 이틀 중 하루는 의회에 출근하여 활동해야 합니다. 물론 회기 중의 각종 예산과 정책사업 자료는 의원 본인이 밤을 새워서라도 숙지해야 합니다. 특히 정례회 기간의 예·결산, 행정사무감사에 필요한 소관 기관의 방대한 자료를 혼자서 온전히 숙지하고 질의서를 작성해야 합니다. 아울러 회기 중이든 비회기 중이든 정당 활동과 지역구 활동을 병행해야 합니다.

보통 한 명의 시의원 선거구 내에 3~5개동이 있고, 각 동별 주민자치위원회를 비롯하여 월 1회의 정기모임을 하는 각종 직능단체가 10여 개 이상 있습니다. 이들 모임에 참석하여 인사하고 현안에 대해 설명하는 자리가 1달 40~80회 이상입니다. 이외 각종 향우회, 산악회, 조기 축구회 등의 모임과 지역주민의 경조사 등을 감안하면 매월 100여 개의 모임에 참석해야 합니다. 물론 이런 모임에 참석하는 것이 의무는 아니지만 도시 지역에서 만나기 어려운 지역주민과 소통하기 위해서는 가능한 한 자주 참석해야 합니다.

시민의 대의기구로서 지방의회가 방대한 지방자치 단체 집행부를 감시하고 견제하기 위해서는 정책지원 전문 인력이 절실히 필요합니다. 초선이거나 상임위를 변경할 경우, 의원 개인이 집행부 업무를 정확히 파악하고 견제와 감시할 수 있으려면 상당한 시간과 노력이 요구됩니다. 이러한 기간에는 아무리 의원 개인이 노력한다고 하더라도 집행부 견제와 감시에 공백이 생길 수밖에 없습니다.

정책 지원 인력은 지방의원 개인의 업무에 도움을 주는 개인 비서나 보좌관이 아닙니다. 시민의 대표로서 지방의원이 시민의 권익신장과 복리증진 및 시정발전을 위해서 꼭 필요한 인력입니다.

2017년 8월 22일 국회 도서관

TIP

정책만으로 알 수 없는 정치 이야기 : 좋은 제도가 좋은 시민을 만든다

지역 문제는 스스로 결정
간접 민주주의의 보완 기능
협력적 리더십으로 자발적 참여 필요

1991년부터 지방자치제가 시행되었지만, 지방자치에 대한 평가는 그리 좋지 않습니다. 지역공동체를 구성하는 지역주민의 무관심이 지역공동체 활성화에 무감각을 가져오는 악순환을 거듭하고 있습니다. 그러므로 "지역공동체 발전을 위한 지방자치의 역할 모색" 이라고 구체적 방안을 성찰해낼 때 좀 더 그 의의와 의미가 명확하게 잘 드러날 것입니다.

지역공동체는 일정한 지역에서 심리적 유대감이나 소속감으로 공동의식을 가진 집단으로서 사회적 상호작용, 공동의 목표나 가치, 지역성이라는 특징을 보유합니다. 특히 사회적 병폐가 극단적으로 드러나는 시대 상황에서 빈부격차, 지역의 일자리 부족, 사회적 갈등, 이웃에 대한 배려부족 등 국가와 시장만으로 해결하기 어려운 사회적 문제와 급격한 경제성장 정책에서 야기된 문제들을 해결하는 역할을 할 수 있습니다.

중앙정부가 주도하는 하향식 외생적 발전과 달리 지역공동체가 주도하는 내생적 발전의 필요성이 점차 증가하고 있습니다. 지방자치를 구현할 때도 동네자치, 주민자치에 대한 욕구가 커질 때 지역공동체에 대한 관심 역시 확대됩니다. 지방자치제란 궁극적으로 주민자치, 즉 주민 스스로 주체가 되어 지역사회의 공적 문제를 스스로 결정하고 처리하는 주민참여에 중점을 두는 제도이기 때문입니다.

주민자치는 지방자치단체와 주민과의 관계에 중점을 두고, 지방정부가 주민의 의사와 통제를 기반으로 구성하고 작동해야 한다는 민주주의의 원리를 구현한 제도입니다. 주민자치는 근본적으로 민주주의 재해석을 통해 대의민주제의 민주성 결함을 보완하고 지방정부의 민주성을 강화하는 정치적 차원에서 접근해야 합니다.

우리가 추구하는 자치 안에 공동체성이 존재하고, 그 안에 자치의 원리가 깃들어야만 서로 밀도를 높이면서 맞물려 돌아갑니다. 다만 시공간의 한계가 있어서 지혜를 발휘해야 합니다. 좋은 제도가 좋은 시민을 만듭니다. 실리적·실용적인 측면에서 좋은 지방자치제도를 운영하여 주민이 살기 좋은 지역공동체를 만들어야 합니다.

지역공동체를 단위로 하는 주민자치는 지방자치단체로서의 인정 여부를 떠나 민주주의 국가에서 몇 가지 중요한 정치·행정적 의미를 갖습니다.

첫째, 지역문제를 스스로 결정할 수 있도록 존중해주는 것입니다. 주민이 스스로 결정할 수 있는 결정권 존중이야말로 제일 쉽게 실천 가능한 민주주의의 기본원리입니다. 참여하는 입장에서 민주주의의 성패는 정부의 정책결정 과정에 국민이 얼마만큼 실질적으로 참여할 수 있는가에 달려 있습니다. 지방자치를 실시하는 중요한 이유 중 하나는 우선 지방정부 수준에서의 정책결정과 집행과정에서나마 주민 참여를 확대하기 위한 것이며 이는 주민자치를 통할 때 확대할 수 있습니다.

둘째, 간접 민주주의의 보완기능입니다. 간접 민주주의는 내재적 한계를 직접 참여 민주주의로 보완해야 합니다. 오늘날 주민의 행정수요는 종류가 다양하며 양적으로 크게 팽창되어 왔습니다. 여기에 행정 서비스의 질에 대한 기대도 매우 높아졌습니다. 결과적으로 중앙정부나 지방자치단체에 대한 행정수요가 크게 증가함에 따라 이에 소요되는 재정수요도 증가할 수밖에 없습니다. 그러나 지방자치단체의 경우, 이러한 재정수요를 모두 감당하기 매우 어려운 실정입니다. 결국 재정적 한계로 정부가 처리해줄 수 없는 지역문제는 지역공동체 주민자치를 통해 해결해 나갈 수밖에 없습니다.

지역공동체 활성화가 지방자치제의 정착과 발전을 위해서 크게 기여할 수 있는 점은 다음과 같습니다.

우선, 지역공동체가 활성화되면 실질적인 주민 참여를 가능하게 합니다. 지역공동체는 지역주민이 동질성과 정체성을 토대로 내부적 문제를 해결하고자 자율적으로 집합된 결사체이기 때문에 주민참여 여부와 그 수준이 활성화에 절대적인 영향을 끼칩니다. 주민의 삶에 영향을 미치는 지방정부의 정책과정에 참여하게 되면서 주민으로서 권리와 책임을 명확하게 인식할 수 있습니다.

또한, 지역공동체는 개인의 이익보다는 공동체의 이익을 중심으로 정부의 역할을 재구성합니다. 정부의 보조적 역할을 수행하므로 주민이 지방자치단체에서 수혜 받지 못하는 공공 서비스의 일부를 제공하기도 합니다.

삶의 터전을 거점으로 형성된 구성원 간의 유대는 지역이 당면한 문제 상황이 전개되면서 비로소 구체적인 행동과 참여로 이어집니다. 주민자치의 실천은 지역주민의 현안을 해결하기 위하여 지역공동체 관리 체계를 구축하고 이를 유지하려고 기울이는 집단적인 노력과 과정입니다. 이러한 의미에서 주민자치 실천은 지역문제를 해결하기 위한 지역공동체적 참여, 문제해결을 위한 공적 영역과의 파트너십 구축, 그리고 연대의 지속성을 높이기 위한 역량강화라는 과정적 요소를 담고 있습니다.

주민의 역량이 강화되어야 지역공동체의 발전을 도모할 수 있으며, 민주주의의 핵심영역이 됩니다. 실제로 주민 중심으로 이루어지는 마을 만들기 혹은 마을공동체 구축에 관한 움직임이 일어나고 있습니다.

예를 들면, 지역사회 구축, 지역 역량 강화, 지역 재생 및 재건, 지역사회 조직화 등의 흐름은 결국 지역의 역량과 주민학습의 중요성에 대한 인식을 반영한 것입니다. 이처럼 주민 역량을 강화하는 단계에서 나타나는 주민자치의 실천적 요소는 문제인식 및 정보 공유, 문제해결을 위한 지식 및 정보 습득, 주민대상 학습기회 제공 등을 포함합니다.

공동체성이 살아있는 주민의 역량을 강화하려면 협력적·창의적 리더십이 중요합니다. 지역의 문제를 지역민 스스로 함께 해결방안을 찾아가는 것이 중요하므로 사람 만들기가 핵심이 되어야 합니다.

협력적 리더십을 통해 지역민이 함께 참여하여 즐길 수 있는 축제와 같은 지역사회 통합운동으로 전개해야 합니다. 공동체

단위에서의 상상력과 실험정신도 매우 중요합니다.

또한, 지역주민의 자발적 참여가 전제되어야 합니다. 지역주민의 사회통합과 지역 경쟁력 확보를 위해 추진하는 마을기업, 커뮤니티 비즈니스, 사회적 기업 등은 지역공동체를 전제로 추진하지만, 아래로부터의 공동체 사업 경험이 부족한 것으로 평가받고 있습니다.

무엇보다 공동체 만들기는 시간과 노력이 많이 소요되는 사업입니다. 따라서 다양한 참여 주체들의 창조적 파트너쉽의 구축이 무엇보다 중요합니다.

〈지방분권형 헌법 개정안에 대한 토론회 토론문〉

맹진영 서울시의원(기획경제위원회 부위원장)

1. 지방자치의 현실과 지방분권의 필요성

오늘날 대부분의 선진국은 지방의 자율성과 창의성을 존중하는 지방분권을 통하여 행정의 효율성을 제고하고 주민의 편익을 증진하며 지역적 특성에 맞는 발전으로 국가경쟁력 강화에도 기여하고 있음을 알 수 있습니다. 우리의 지방자치는 지난 20여 년 동안 지역특성에 맞는 행정서비스를 통하여 주민 삶의 만족도를 높이고 주민참여를 통하여 자치의식을 높이는 등의 성과를 거두었습니다. 그러나 중앙정부의 과도한 통제와 간섭 그리고 법제도적 제한으로 온전한 지방자치를 실현하는 데 어려움을 겪고 있습니다. 특히 법제도적인 측면에서 보면 우리 헌법의 지방자치 관련 규정이 너무나도 추상적이고 간소화되어 있어 지방자치를 보장하고 촉진해야 할 지방자치 관련 법령에서는 오히려 지방자치단체의 권한을 제한하고 지방자치의 활성화를 저해하고 있습니다. 이는 근본적으로 우리 헌법에서 지방자치를 제도적 보장이라는 측면에서 지방자치단체와 지방의회를 존재로만 보호하고 있으며, 지방자치를 위한 실질적인 권한은 국회와 행정부에서 제정하는 법령에 광범위한 입법형성의 재량을 부여하고 있어 헌법 개정 없이는 실질적인 지방자치와 지방분권이 불가능한 상황입니다.

이번 헌법 개정에는 전면적으로 자치분권 항목을 강화해서 헌법에도 지방분권을 강화하기 위한 조항들을 더욱 보강해야 합니다. 현행 우리 헌법에서 지방자치와 관련된 규정은 130개 조항 중, 제117조와 118조 2개 조항에만 명시되어 있습니다. 스위스는 연방헌법 209개 조항 중 56개인 총 27%가 지방분권에 대한 조항입니다. 독일연방헌법 91개 조항 중 17개 (19%)가 지방자치 관련 조항입니다.

2. 지방분권을 위한 바람직한 헌법 개정 방향

헌법은 국가의 통치조직과 통치 작용의 기본원리 및 국민의 기본권을 규정하는 근본규범으로 국가 법제도의 근간을 규율하는 최상의 법규로 지방분권을 위하여 필요한 모든 세부적인 사항들을 헌법에서 규정하는 것은 그 특성에 맞지 않습니다. 개정되는 헌법에는 지방분권을 위한 핵심적이고 필수적인 내용을 규정하되, 논란이 되는 부분은 최소한의 기본적인 사항을 정하고 향후 법률을 통하여 구체화할 수 있도록 하는 것이 당장 개헌을 위한 현실적인 방안입니다. 다만 실질적인 지방분권을 담보하기 위하여 헌법 개정에 대한 원칙과 기본방향이 필요합니다. 즉, 지방분권이 헌법정신의 본질이며 핵심적인 헌법 원리라는 것이 명시되어야 하고 중앙정부와 지방정부가 종전의 수직적 권력관계가 아닌, 수평적 협력관계로 설정되어야 합니다. 이를 위하여 입법, 행정, 재정 등의 영역에서 포괄적인 자치가 이루어지도록 법제도적으로 보장해 주어야 합니다.

3. 지방분권형 헌법개정안에 대한 평가

행정안전부는 작년에 발표한 자치분권 로드맵에서 '연방제에 버금가는 지방분권'을 목표로 제시한 바 있습니다. 실질적인 지방분권의 보장이라는 관점에서 이국운 교수님의 헌법 개정안은 종전에 제안되었던 다양한 개헌 의견 중에서도 연방제에 버금가는 지방분권에 매우 가까운 것으로 판단됩니다. 현재 정치적으로 논란이 되는 정부형태 등에 대한 개헌은 배제하고 지분권에 한정하여 이국운 교수님이 제안한 헌법 개정안을 몇 가지 고려하여 검토한 의견을 말씀드리겠습니다.

(1) 지방자치권의 보장(헌법 전문과 헌법 제1조)
헌법 전문에 '분권'을 추가하고 헌법 제1조에 지방분권을 지향하도록 명시적으로 규정하여 우리나라가 지방분권 국가이며, 지방분권이 기본적인 헌법 원리임을 분명히 하고 있습니다. 또한, 주민의 지방자치권을 기본권으로 규정하여 기본권 제한에 대한 헌법적 원칙인 과잉금지 원칙과 본질적인 부분에 대한 침해금지 원칙을 적용토록 하여 지방자치권을 더욱 두텁게 보호하게 됩니다.
이처럼 지방자치권이 국가의 기본원리와 국민의 기본권이라는 측면에서 이중적으로 보장된다면, 종전에 지방자치에 대한 최소한의 보장이라는 제도적 보장이라는 문제점을 해소하고 앞으로도 지방자치권을 더욱 확대할 수 있는 법적 근거가 될 수 있어 바람직하다고 판단됩니다.

(2) 지방분권의 범위(헌법 제104조)
사법권에 대한 분권에 대하여는 민주화 이후에도 20여 년 이상 지방자치가 실행되어 온 행정과 입법의 영역과 달리 사법의 영역에는 지방자치가 행해진 경험이 없어 이에 대한 자치역량이 축적되어 있다고 보기 어렵다는 점에서 사법의 영역은 향후 장기적 과제로 두는 것이 적절하다고 생각합니다. 조국 민정수석의 발표 등을 감안하면 자치 경찰에 대한 논의도 함께 이루어져야 합니다.

하지만, 사법 영역의 민주성과 주민참여를 제고하기 위하여 각급 법원장 임명 시, 자치의회 등의 동의 외에도 점진적으로 사법행정에 대하여 지방정부의 참여가 가능하도록 하는 방안들을 고민해 볼 필요가 있습니다.

(3) 자치입법권

자치입법권은 현대복지 국가에서 지역주민의 다양한 요구를 수렴하고 지역의 다양성과 특수성을 반영하는 정책을 담보하기 위하여 필수적이고 핵심적인 지방자치단체의 권한이라는 점에서 자치입법권의 확대가 지방분권의 실현에 가장 중요한 과제라고 할 수 있습니다.

현재 우리 「지방자치법」에서는 지방자치단체의 법규인 조례의 제정범위를 '법령의 안에서'라고 규정하고 있어 국민의 대표인 국회에서 제정한 법률과 달리 행정부에서 정하는 시행령과 시행규칙으로 인하여 주민의 대표인 지방의회의 입법권이 제한되는 문제가 발생하고 있습니다.

지방의회가 선거를 통하여 선출되는 주민의 대의기관이라는 점에서 조례는 법률과 같이 민주적 정당성을 가지며, 지방자치단체의 자주법이라는 측면에서 대통령령 또는 부령 등과 같은 행정입법보다 하위의 법규범으로 보는 것은 바람직하지 않습니다.

이국운 교수님의 개헌안은 종전에 법령의 하위 법규로 취급되는 지방의회의 자치법규를 광역의회의 경우 자치법률로 격상하며 지방정부의 자치법규 입법 영역을 포괄적으로 규정하고 있어 이런 문제점이 해소될 수 있을 것으로 판단됩니다. 또한, 금고형 이상의 형벌은 법률의 위임을 받도록 제한하고 있으나 자치법률을 통하여 과태료와 벌금 등의 형벌을 부과할 수 있도록 하여 지방정부의 자치입법에 대한 실효성과 법규성을 강화하고 있습니다.

아울러 '지방정부의 장의 선임방법' 과 '집행기관의 형태 및 구성 방식' 을 자치입법의 영역으로 규정하여 지방의 환경과 상황에 따라 현재 기관대립형 외에도 기관통합형으로 운영할 수 있도록 재량을 허용하여 다양한 정치적 실험이 가능하도록 하였습니다.

다만, 헌법에서 자치법규의 제정대상을 '주민의 복리와 관련된 주택, 교육, 경찰, 환경, 소방, 복지, 지역경제, 대외협력 등' 으로 포괄적으로 규정하는 방식보다 국방, 외교, 통화 등 국가의 본질요소에 해당하는 사무와 전국적으로 통일성이 요구되는 사무를 국회의 독점적인 입법 영역으로 명시하고 그 외의 부분을 지방정부의 입법 영역으로 규정하는 방안도 자치입법권의 폭넓은 보장이라는 측면에서 고려해볼 수 있다고 생각합니다. 그리고 광역의회의 자치법규가 법률이 되면 향후 국회의 법률과 입법 영역의 경합과 충돌 등의 문제가 발생할 수 있으며 이를 예비하여 이국운 교수님은 국회와 지방의회에 의견제시권을 규정하는 것으로 보입니다. 그러나 의견제시가 수용되지 않을 경우의 해소방안에 대하여 고민해볼 필요가 있습니다.

(4) 국가자치분권회의

이국운 교수님은 헌법 개정안에서 국세와 자치세의 비율 조정과 공동세로 조성된 재정의 배분 비율에 대한 형평의 원리와 함께 지방정부 상호 간

재정조정을 규정하여 지방정부의 자치재정권을 보장하고 있습니다.

수도권과 비수도권의 재정력의 격차가 심한 우리나라 현실을 고려할 때 향후 지방분권 개헌 이후에도 지방세제의 개편, 지방재정조정 제도의 운용 등에서 중앙과 지방 그리고 지역 간 다양한 의견이 제기될 것이 예상됩니다. 따라서 앞서 말씀드린 중앙정부와 지방정부 간의 입법 영역의 충돌, 국세와 자치세의 비율, 공동세의 배분 등 상호 이해관계가 대립하는 사항에 대하여 중앙과 지방 대표들이 참여하는 협의기구가 필요합니다. 이국운 교수님은 헌법 개정안에서 국가자치분권회의를 헌법적 협의기구로 제안한 것으로 보이는데, 만약 그렇다면 국가자치분권회의 기능과 역할에 대한 좀 더 구체적인 규정이 헌법에 명시되는 것이 좋지 않나 생각합니다.

4. 더 나은 자치분권을 위하여

박근혜 정권의 탄핵과 문재인 정부의 등장은 한국 사회에 대한 새로운 발전 모델과 방안을 요구하고 있습니다. 경제 발전을 위해 민주주의를 유보해야 한다는 박정희 모델, 다시 말해 국가주의가 발전 모델이 될 수 없으며 지난 20여 년간 강화된 신보수주의, 시장주의도 그 해답이 될 수 없습니다.

이제 우리는 선진국 모델을 부지런히 모방하고 답습하는 후발개도국의 지위에서 스스로 미래의 발전 모델을 만들어가야 합니다. 각자도생의 개별주의, 국가주의도 아닌 공동체 부활을 중심으로 하는 자치분권의 강화는 우리의 주요한 미래 발전 전략의 하나이기도 합니다.

지방자치는 주민 수가 수백 명, 수천 명인 지방자치를 모델로 하여 그 정도의 역할을 지자체에 강요하고 있습니다. 지방을 무능력자, 미성년자 취급하며 중앙정부의 통제를 강화함으로써 국가와 지방의 발전을 저해하고 있습니다. 진정한 지방자치를 위해서는 자치정부나 자치 단체의 규모에 대해서도 진지한 고민이 필요합니다.

우리나라 전체 인구 5,100만의 나라에 기초자치 단체인 시군구가 226개입니다. 이를 인구수로 환산해보면 기초 자치단체 한 곳당 평균 22만 7천명이나 됩니다. 물론 농어촌 지역의 인구는 이보다 훨씬 적지만 지나치게 규모와 인구가 많습니다. 이런 규모에서 풀뿌리 민주주의라는 지방자치의 의미는 퇴색될 수밖에 없습니다. 자치는 주민의 직접 참여를 바탕으로 하는 직접 민주주의 요소가 항상 살아있어야 합니다. 이제 읍면동 자치가 부활하고, 인구학적 측면에서 농어촌의 군 단위 행정 혁신이 필요합니다. 행안부에서 시범사업으로 하는 주민자치회의 확대와 SNS 등을 활용한 온라인 투표 등의 방법을 반영하여 주민의 참여를 확대하여 균형적인 국토 발전을 이뤄내야 합니다.

다시 말하지만, 자치는 참여한 사람들이 공동체를 함께 공동 관리 운영하는 것이며 이에 따른 권한과 책임을 함께 지는 것입니다. 자치분권의 핵심은 시민이나 주민의 참여를 보장하고 확대하는 일입니다. 참여를 통해서만이 민주주의가 한 단계 위로 발전할 수 있습니다. 다양한 방식으로 주민 발안, 주민 소환 등 직접 민주주의적 요소를 도입하고, 지역발전은 지방 스스로 답을 찾고 스스로 운영해야 합니다.

지역발전에 대해 중앙정부가 해답을 제시하지 않습니다. 중앙정부와 지방자치단체 간의 행정, 재정 등 권한 배분의 차원에서 지방자치의 문제점은 오래전부터 제기되어 왔습니다. 지방분권을 위한 그간의 정책적 노력은 주로 관련 법령을 개정하는 수준에서 이루어졌습니다. 하지만 법령 개정으로는 중앙집권적 정치·행정체계를 지방분권적 체계로 전환하는 데 분명 한계가 있습니다.

이제 지방자치에 대한 조항이 고작 2개에 불과한 현행 헌법에 대한 지방분권과 자치분권을 연방제적 수준으로 강화하는 개헌이 필요하다는 인식이 점차 고조되고 있습니다. 자치 분권을 강화하는 헌법 개정은 우리의 미래를 위한 시대적 요청이기도 합니다.

2018년 1월 15일 지방자치학회 주관

3장

보다 나은
미래를 향한
변화의 시작

01.
청년 실업 해결의 새로운 대안 제시

- 청춘 예찬만 할 것인가

젊어서 고생은 사서도 한다?
아프니까 청춘이다?
나이 들면 다 안다?

"청춘(靑春)! 이는 듣기만 하여도 가슴이 설레는 말이다. 청춘! 너의 두 손을 가슴에 대고, 물방아 같은 심장의 고동을 들어보라. 청춘의 피는 끓는다. 끓는 피에 뛰노는 심장은 거선(巨船)의 기관(汽罐)과 같이 힘 있다. 이것이다. 인류의 역사를 꾸며 내려온 동력(動力)은 바로 이것이다. 이성은 투명하되 얼음과 같으며, 지혜는 날카로우나 갑 속에 든 칼이다. 청춘의 끓는 피가 아니더면, 인간이 얼마나 쓸쓸하랴? 얼음에 싸인 만물은 죽음이 있을 뿐이다"

고(故) 민태원 선생님의 유명한 수필인 '청춘 예찬'의 일부 내용입니다. 청춘의 아름다움과 무한한 가능성을 힘 있는 필치로 예찬하여 큰 울림을 주는 명문 중의 명문입니다.

　그러나 과연 오늘날 우리 청년은 이러한 청춘 예찬에 얼마나 동의할까요? 88만원 세대, 연애, 결혼, 출산을 포기한 삼포 세대, 아프니까 청춘이다 등 여러 가지 자조 섞인 말과 선배들의 어루만짐이 있지만 청년의 문제가 크게 사회문제화되지 않았습니다.

　기성세대는 청년을 아끼지만 젊어 고생은 사서도 하며, 너도 나이 들면 다 안다면서 힘들어도 된다고 생각해왔던 것 같습니다. 더 나은 미래를 위해 많은 경험이 필요한 청년 시절의 고생은 통과 의례이며 성장통으로 여겨왔습니다. 그래서 힘들더라도 참고 더 열심히 공부하면서 젊은이다운 패기로 도전하라고 이야기합니다. 청년의 이상으로 기성세대와 불의에 타협하지 말고 용감히 맞서라고 합니다.

　개인적으로 청년 시절의 열정과 정의감, 군부 체제에서 암울함과 답답함을 절실히 느꼈습니다. 시골 출신 가난한 유학생으로 주거, 학비, 생활비 등의 실제적 어려움도 많이 경험했습니다. 등록금을 마련하려고 경비나 공사장 아르바이트를 전전했으며, 경찰서에 불려 다니며 민주화 운동을 하고, 대학 졸업 후에는 취업이 되지 않아 부모님께 죄스러웠습니다. 대학 졸업 무렵에는 내 청춘이 다 끝난 것 같은 느낌도 생생히 기억이 납니다. 다시 그 시절로 가라고 한다면 못 갈 것 같습니다. 그러나 만

일 40대의 판단력과 경험으로 그 시절로 가라고 한다면 흔쾌히 응하겠습니다.

저와 같은 60년대 세대의 청년 시기는 유신 말기부터 광주 민주화 운동, 5공화국, 6월 민주 항쟁 그리고 문민정부와 국민의 정부, IMF 시기를 겪었습니다. 경제적으로는 중화학 공업을 바탕으로 압축 성장과 정보화 산업 시대로의 진입, 정치적으로는 민주화 운동을 통해 형식적 민주화를 이룩한 시기입니다. 많은 변동이 있었지만, 국가적으로는 경제발전과 민주화를 동시에 이루어내 대체로 무난하게 취업을 한 시기입니다.

청년이 지금 겪는 아픔은 성장통 그 이상입니다. 무엇보다 산업화 시대처럼 성장이 고용을 동반하지 않는 고용 없는 성장 시대입니다. 청년은 취업이 어려워 미래를 확신하지 못하고 있습니다. 청년 실업이 급증하여 취업을 포기하는 일이 넘치고 있습니다.

취업이 어려워 공무원 시험의 경쟁률이 높아지고 있습니다. 스펙을 쌓으려고 자격증이나 해외 연수 등에 큰 비용을 소모하고 있으며, 비싼 등록금과 아르바이트에 허덕이며 학비와 생활비를 벌어야 합니다. 대학 진학률이 80%나 되는 나라에서 대학 등록금은 너무 비쌉니다. 대학 졸업장을 받기 위해 빚쟁이가 되어야 합니다.

취업하더라도 대기업과 중소기업의 일자리는 너무나 차이가 납니다. 대기업에 취업하지 못한 청년의 상대적 박탈감은 매우 큽니다. 현실이 막막해서 많은 청춘이 자살하기도 합니다. 청년 문제는 우리 사회, 기성세대의 문제의 단면을 그대로 반영합니다. 기성세대의 불평등이 그대로 청년에게 전이되었습니다. 이제 개천에서 용이 나던 시절은 전설이 되었습니다.

- 청년이 미래의 성장 동력이다

고용절벽에서 국가 재난상황
일자리대장정에서 일자리 창출로!

청년층의 인구가 줄어드는데도 청년 고용률은 지속해서 하락하고 있습니다. 전체 실업률이 4.2% 수준인데, 이 중 청년층 실업률은 11.2% 수준입니다. 서울노동권익센터에서는 서울에 거주하는 청년층(만 15~29세)의 실질실업률을 31.8%라고 추정했습니다. 사실상 청년 3명 중 1명은 실업상태라는 것입니다. 이렇듯 청년실업이 '고용절벽'을 넘어 '국가 재난상황'인 심각한 상황인데도 정부의 대책은 허술하기 짝이 없습니다.

우리나라의 청년실업률은 전체 실업률의 2배에 달하고, 청년 주거 빈곤율(14.7%)[2]이 전체 주거 빈곤율(13%)을 웃도는 등[3] 청년층이 겪는 어려움이 가중되고 있습니다.

〈청년실업률 추이〉

구 분	2009	2010	2011	2012	2013	2014
전체	3.6	3.7	3.4	3.2	3.1	3.5
청년	8.1	8.0	7.6	7.5	8	9

(통계청, 『경제활동인구조사』)

직업능력개발원의 발표에 의하면, 지난 10년간 청년층이 선망하는 일자리의 종사자 수는 7만 5천 명(13%)이 줄어들었으며, 일자리 규모뿐만 아니라 일자리 질에서도 청년 일자리 상황

---

2) 주거빈곤율은 「주택법」에 규정된 최저주거기준에 미달하는 가구 비율에 지하 및 옥상, 비닐하우스, 고시원 등 주택이외의 거처에 거주하는 가구를 더한 수치임.
3) 민주정책연구원, 「서울시 청년가구의 주거실태와 정책 연구」(2014), 13쪽.

이 갈수록 악화되고 있습니다.

예컨대 한국직업능력개발원은 300인 이상 기업의 정규직이거나 근로조건이 양호한 금융, 보험, 전기, 가스, 수도, 국방, 행정 분야 정규직 일자리를 '선망 일자리'로 분류해 조사한 결과, 2005~2014년 사이 선망 일자리가 45만 개 이상 늘어났지만, 청년층(15~29세)의 선망 일자리 수는 7만 5천 개나 줄었다고 발표[4]했습니다.

여성, 아동, 노인, 청소년 등과 같은 계층의 정책적 지원은 「여성발전기본법」, 「아동복지법」, 「청소년기본법」, 「노인복지법」의 법적 근거를 바탕으로 계속 이어오고 있으나, 청년층은 소관 법령도 부재할 뿐만 아니라 사회적 인프라 및 지원 시스템도 터무니없이 부족한 실정입니다.

우리 사회에 다양한 계층이 있음에도 불구하고 청년을 강조하는 이유는 청년세대는 한 사회의 가장 활력 있는 동력이며, 그 사회의 미래를 대표하는 세대이기 때문입니다. 청년이 제대로 교육받고 제대로 일을 하면서 이 사회를 이끌어갈 튼튼한 동력으로 커 나갈 때 이 사회는 발전할 수 있습니다.

청년세대의 문제는 개인을 뛰어넘어 사회가 책임지고 해결해야 할 중요한 문제입니다. 특히, 청년실업은 미래의 주인공인

---

[4] 「지난 10년간 선망일자리의 변화와 청년층 취업보고서」, 2014

청년 인력을 효과적으로 활용하지 못하면 막대한 사회적·경제적 비용의 손실뿐만 아니라 계층갈등과 사회혐오로 이어져 국민통합을 저해하는 요인으로 작용할 가능성이 높습니다.

그렇다면, 청년 고용 사정이 이처럼 나빠진 근본적 원인은 무엇일까요?

글로벌 경제위기 이후 비정규직이 증가하여, 일차적으로 양질의 일자리가 줄었기 때문입니다. 또한, 고학력자 과잉공급과 시장수요의 구조적 불일치 증가, 양질의 일자리를 찾으려고 취업준비 중인 청년이 많기 때문입니다. 아울러 제조업의 불황에 따른 고용창출여력 부족, 서비스업의 낮은 경쟁력, 창업 등 새로운 시장 개척 부족 등을 들 수 있습니다.

그렇다면 이에 대한 서울시의 청년일자리 정책은 무엇일까요?

서울시는 청년의 문제를 일자리로 한정 짓지 않고 청년의 삶으로 시야를 확장하고 있습니다. 그중 대표적인 사업이 '서울 일자리대장정'입니다. 일자리대장정은 노동 현장을 찾아 양질의 일자리를 창출할 방안을 모색하고자 마련했습니다. 하지만, 정규직과 비정규직 간 임금격차가 심하고 현행 최저임금으로는 근로자에게 최소 생활수준을 보장할 수가 없는 상황입니다.

서울시는 시정 최우선 과제로 일자리 창출을 꼽고 있습니다. 이제 더 이상 청년관련 정책이 보여주기식 행정이 아니라, 청년의 실생활에 효과적으로 반영되어야 합니다.

기업의 일자리 창출을 위해 중소기업을 집중지원하고 기업대상 규제도 완화해야 합니다. 청년창업을 통해 새로운 시장을 개척하고, 서울형 강소기업의 지원육성을 통해 창업 생태계를 구축하여 "더 많은, 더 좋은" 일자리를 창출하려는 노력이 절실히 요구됩니다.

한편, 서울시의회에서도 청년문제에 매우 관심이 높습니다. 청년정책의 일관성 있는 추진과 체계성을 확보해야 합니다. 최근에는 청년 취업난, 주거불안, 학자금 부채 등 다양한 영역에서 어려움을 겪고 있는 청년을 체계적이고 종합적으로 지원하는 「청년발전기본법」을 제정해 줄 것을 국회에 촉구하였습니다. 국가와 지방자치단체의 책무 등을 규정해 청년이 당면한 문제를 해결하고 청년의 발전을 통한 국가경쟁력을 강화할 필요가 있기 때문입니다.

아울러, 서울시는 심각한 취업난을 겪고 있는 청년의 사회참여 기회제공과 역량제고를 위해 2016년부터 '청년활동 지원 사업'을 추진하고 있습니다.

예를 들어, 청년이 구직활동에 전념할 수 있도록 시간을 보장하는 활동지원금을 지원하거나, 청년의 사회진입을 돕는 역량강화 및 진로모색에 필요한 연계 프로그램과 커뮤니티 활동을 지원하는 것 등입니다.

정책만으로 알 수 없는 정치 이야기 : 청년 문제 대처법

끊임없이 움직이고
현장에서 부딪혀라
결국에는 청년이 이긴다!

청년 실업률의 증대는 사회적 공감대가 어느 정도 이루어져 「청년 고용촉진 특별법」과 시행령이 제정되었습니다. 이에 따라 서울시도 청년일자리 청년기본조례를 제정하였습니다. 서울시는 청년 담당 부서도 신설했습니다. 청년 실업문제는 사실 청년 문제의 핵심임에는 틀림없습니다.

그러나 현재 청년은 취업 외에도 학비, 주거 등 여러 가지 조건에서 너무 열악합니다. 이러한 열악한 조건과 불평등으로 뛰어난 자질을 가진 청년들이 도태되지 않도록 국가와 기성세대가 기회를 보장해 주어야 합니다. 더 많은 젊은이가 공평한 조건에서 능력을 발휘하여 국가의 미래와 발전에 기여할 수 있는 조건을 만들어 주어야 합니다.

이제 미래 세대인 청년의 전반적인 사회 경제적 조건에 대해 점검해봐야 할 때입니다. 그리고 구조적이고 체계적인 대책을 수립해야 합니다.

서울시의 청년발전기본 조례는 지자체 단위의 청년을 위한 중요한 한 걸음을 떼야 합니다.

우선, 대학 진학률이 지나치게 높습니다. 대학 정원을 늘리고 교육 기간이 길어지는 것은 한편으로 후기 산업 사회의 청년 실업문제 해결책의 일환이기도 합니다. 원래 학교는 평균 교육을 지향하며 좋은 월급쟁이를 양산하는 것이 목표입니다. 뛰어난 지도자와 기업가를 만드는 것이 주목표는 아닙니다.

그렇다면 우리는 청년에게 사회에 진출할 준비를 교육시키고 있을까요?

직업 체험을 강화한다고 하지만 현실과 동떨어진 프로그램으로 청년의 사회진출 준비가 너무 부족합니다. 우리 교육은 직업에 대한 진지한 고민이 없습니다. "자기가 미치도록 하고 싶은 것을 해라", "뜻을 크게 가져라", "일관되게 밀고가라"고 합니다. 그러나 어떤 직업을 어떻게 탐색해서 자신에게 맞는 선택을 하고 준비해야 하는지에 대한 진지한 고민이 부족합니다. 모두 대학 입시를 치러 좋은 대학에 가서 대기업에 취업하려고만 합니다. 현실성 있는 다양한 직업 교육을 고민해야 합니다.

또한, 청년문제를 해결하기 위해서 사회 전체의 구조적 모순과 불안 요인을 함께 해소하는 노력을 병행해야 합니다. 당당하게 청년의 어려움을 밝히고 정책적 지원을 얻어내야 합니다. 마치 부모님 주머니에서 용돈을 기분 좋게 받아내는 것처럼 해야 합니다.

화려한 청춘도 있지만 열매 속에서 꽃피우는 무화과 같은 청춘도 있습니다. 인생의 성패는 청년기에 이루어지지 않습니다. 40세는 넘어야 어느 정도 판가름 납니다. 지금 당장 이기기 위해 여름 날 빼곡한 콩밭의 콩처럼 웃자라기 경쟁을 하지 말아야 합니다. 웃자란 콩은 열매를 맺지 못합니다. 차분히 홀로 뿌리 내리고 충분히 양분을 흡수하고 기다리면 지금은 비록 조금 초라하지만 나중에 훌륭한 열매를 맺을 것입니다.

무엇보다 행동해야 합니다. 움직이지 않으면 아무 변화가 없습니다. 평론가가 되지 말고 내 자신이 스타플레이어가 되어야 합니다. 행동으로 현장에서 부딪히며 문제 해결 능력과 소통 능력을 키워야 합니다. 힘들더라도 미래를 위해 현재를 희생하며 인내하고 참아야 합니다. 결국에는 청년이 승자가 될 것입니다.

현재 청년실업 문제는 한국사회의 가장 큰 문제 중 하나이며, 이는 중앙정부나 지방자치단체의 공동 과제입니다. 따라서 어려움에 처한 청년을 실질적으로 지원할 정책을 모색하는 데 적극적인 노력이 필요하며 저도 정치인의 한 사람으로서 책임감을 느끼고 노력하겠습니다.

02.
홍릉 바이오산업 육성에 앞장서다

- 지역주민과 상생하는 '바이오 · 의료 R&D 거점' 으로 재탄생

우수한 연구 인프라와 인력 활용
바이오 · 의료 중심의 산업생태계 구축으로
좋은 일자리 창출

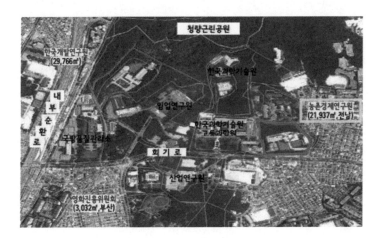

지역 여건	- 교통편 : 회기역에서 도보 10분~15분 소요 - 6개 종합대학(반경 2km 이내) : 고려대, 경희대, 서울시립대, 　성신여자대학교, 한국외대, 동덕여자대학교 - 2개 상급종합병원 : 고대병원, 경희대 의료원 - 한국과학기술연구원(KIST) : 의공학 · 뇌과학 연구 등 국내 최고 연구기관 - 고등과학원 : 수학, 물리학 등 순수기초과학 인력양성기관 - 한국기술벤처재단 : 한국벤처산업 활성화를 위한 창업기업 인큐베이팅, 　기술마케팅 등 지원기관

서울시 동대문구 홍릉 일대는 대학, 병원, 연구기관이 모인 강점이 있는 곳입니다. 또한, 60~70년대 대한민국 경제성장의 전초기지이자 한국과학기술의 요람이었습니다.

홍릉 연구 단지는 1966년 한국과학기술 연구원(KIST)을 시작으로 한국개발연구원(KDI · 70년 설립), KAIST(71년), 산업연구원(KIET · 76년) 등이 입지한 국내 최초의 공공 연구단지였습니다. 대한민국의 근대화와 경제 발전을 이룩하기 위해 조성되어 과학 기술과 산업, 국방 등 여러 분야와 관련된 종합적 연구 단지로 발전하였습니다. 홍릉 연구 단지의 대부분은 동대문구에 속해 있고 KIST와 시험림 등 일부만 성북구에 속해 있습니다.

40여 년 전부터 과학, 기술과 국가 정책 기관으로 국가 발전에 기여해왔던 이 홍릉 단지가 새로운 전기를 맞이하였습니다. 한국개발연구원(KDI) · 산업연구원(KIET) · 국방기술품질원 · 영화진흥 위원회, 농촌경제연구원 등 5개 공공기관이 지방으로 이전함에 따라 남겨진 부지를 활용할 필요가 생겼습니다. 새로운 위상을 정립하고 기능을 회복해야 할 필요가 생겼습니다. 특히 농촌경제연구원은 서울시가 2012년에 508억원에 매입하여 바이오 허브 설립을 추진하였습니다. 홍릉은 연구기관 및 대학 등 바이오·의료 R&D 거점으로 핵심 역량을 보유하고 있어 서울시는 그간 다양한 논의를 통해 홍릉의 바이오·의료 R&D 거점으로서의 가능성을 확인하고 이 분야를 적극적으로 육성하여 지원할 계획입니다.

'바이오·의료 산업' 은 미래 신성장 동력산업으로 인구변화에 따른 고령화·만성질환 증가에 따라 관련 수요가 증가할 것으로 전망됩니다. 특히, 홍릉은 인근에 2개의 상급종합병원, 생물학·의공학 등 기초연구가 특화된 KIST, KAIST 등 기초연구기관, 스타트업 창업보육을 지원하는 한국기술벤처재단 등이 자리 잡아 병원·연구기관·대학 간 인력·기술·장비 등 네트워크 구축이 용이해 바이오·의료 산업 육성 시 시너지 효과

를 극대화할 수 있습니다.

저는 새로 생기는 시설에 주민 친화 공간을 만들도록 담당 실·국장을 만나기도 하고, 의회 업무보고 등을 통해 지속적으로 요구했습니다. 박원순 서울시장님과 KIST, KAIST, 고려대, 경희대, 동대문구, 성북구 등 7개 기관장이 만난 가운데, 홍릉 바이오·의료 클러스터를 조성하기 위한 공동협력협약을 체결했습니다.

서울시가 이번에 발표한 '홍릉연구단지 재생 및 활성화 추진 계획'은 도시재생을 바탕으로 점-선-면 단계별 확장을 통해 바이오·의료 R&D 거점으로 조성할 계획입니다.

점(바이오·의료 R&D앵커) → 선(바이오·의료 R&D 스트리트) → 면(바이오·의료 R&D 클러스터)으로 3단계 단계별 확장을 통해 R&D 거점을 조성하는 것이 주요 내용입니다. 이를 통해 동북권 균형 발전을 위한 전초기지를 마련하려는 것입니다.

구체적으로 '바이오·의료 R&D 앵커'는 중개연구·기술거래 등 'R&D 지원', 특허·벤처캐피탈·법률·회계경영지원 등의 '경영지원', IR 교육·기술거래·교육·창업교육 등 '전문인력 양성'의 목적을 지닌 개방과 혁신의 오픈 R&D라는 것이 가장 큰 특징입니다.

앵커는 현재 한국농촌경제연구원의 신관·본관·별관동을 리모델링해서 조성하는데, 여기에는 - 바이오·의료 스타트업 입주 공간 - 제약회사 오픈 이노베이션팀 입주 공간 - 연구개발 공용장비 지원 공간 - 산학연 네트워크 공간 - 리빙랩(Living Lab) 공간 등으로 조성하여 일부는 지역주민을 위한 공간으로 도 활용할 계획입니다.

앵커에 입주하는 기업을 지원하는 방안도 내놓았습니다. 입주한 기업은 바이오·의료 분야의 선도 기업으로 성장할 수 있도록 확실히 돕겠다는 것이 방침입니다. 구체적으로 임대료 감면·서울형 R&D 사업연계 등 입주관련 인센티브는 물론, 마케팅·법률자문, 바이오·의료 펀드, 관계 연구기관과의 MOU 체결을 통한 공동연구 장비사용 및 기술의 상용화 지원을 통해 입주기업에 실질적인 도움을 줄 계획입니다.

- 홍릉숲, 온전히 시민의 품으로

홍릉 연구단지의 새로운 재구성
주민을 위해 홍릉숲 완전 개방과 둘레길 조성해야
지역 사회를 위한 열린 공간으로 재편성 필요

홍릉의 우수 연구 인프라와 인력을 활용하여 바이오·의료 중심의 산업 생태계를 구축하여 좋은 일자리를 창출하는 것이 핵심입니다. 또한, 폐쇄된 공간이라는 인식이 강했던 홍릉 연구 단지의 접근성을 높여 시민과 공존하고 지역사회에 기여하는 방안을 적극적으로 모색해 나가야 합니다.

서울시는 농촌경제연구원의 별관을 새로 신축하여 지역 열린 동으로 운영한다는 방안을 밝히고 있습니다. 제가 안규백 국회 의원과 지속적으로 열린 공간, 지역사회와 함께하는 공간으로 홍릉을 재편해야 한다고 지난 수년간 주장한 노력의 결실이라 고 할 수 있습니다.

이와 함께 꼭 필요한 것은 홍릉 연구 단지 전체를 둘러싼 주 변 천장산과 홍릉숲의 개방입니다. 홍릉 연구 단지는 단순히 연 구 시설로만 조성한 곳이 아닙니다. 주변의 천장산과 홍릉수목 원은 서울 도심에 자리 잡은 역사적 및 문화적 공간일 뿐 아니 라 생태적 가치가 높은 곳입니다.

그런데 홍릉수목원은 평일에는 개방하지 않고 주말에만 일반 인에게 일부 구간을 개방하였다가 최근에 주중에도 일부 개방 을 허용하였습니다. 그동안 서울 도심의 홍릉을 포함한 천장산 일대의 이 아름다운 숲을 연구단지의 보안과 산림자원 보호라 는 핑계로 40여 년 이상 철저히 접근을 막아왔었습니다. 그래서 지역주민은 홍릉숲 완전 개방과 천장산 둘레길 조성을 끊임없 이 요구해 왔습니다.

2016년 6월 27~28일 양일간 저와 서울시 의회의 의뢰로 이루어진 방문객 면접조사에 따르면, 홍릉수목원을 평일에도 전면 개방하자는 의견이 76.6%로 압도적으로 높았습니다. 홍릉 연구 단지는 바이오허브의 개관과 함께 홍릉수목원의 개방과 천장산 둘레길 조성까지 재구성해야 합니다.

이를 위해 저는 경희대 뒤편 천장산 일부 구간에 둘레길을 조성하기 위해 2015년 서울시 예산 14억 8,000만 원의 예산을 확보했으나, 아쉽게도 경희대와 국립삼림과학원 그리고 동대문구와의 협의가 합의에 이르지 못하고 예산은 불용 처리되었습니다. 그러나 3자 간의 논의는 지속되어야 하며, 숲을 보호하면서 시민들의 요구를 실현할 수 있는 현실적인 방안 도출을 위해 계속 노력하고 있습니다.

이제 시민과는 단절된 폐쇄된 공간, 소수만이 향유해 온 도심의 숲을 자연과 체험의 숲, 공유와 어울림의 공간으로 서울 시민과 동대문 구민의 품으로 돌려주어야 합니다. 홍릉수목원과 천장산 전체를 잇는 둘레길 조성을 통해 자연과 체험의 숲, 공유와 어울림의 공간으로 재창조해야 합니다.

아울러 주변 대학과 연구 단지 간의 사람과 학술 교류의 장은 물론이고 글로벌 학술 교류의 장으로 젊은이들과 아이들에게 미래의 꿈을 키워주고 자존감을 키울 수 있는 공간으로 거듭나야 합니다.

저의 이러한 주장으로 서울시는 회기로를 과학문화 창조의 거리로 조성하기로 하였습니다. 회기로는 이제 신촌, 홍대 지역과 함께 서울을 대표하는 젊은이의 거리가 되기를 희망합니다. 이를 위해 홍릉 연구단지의 중심 거리를 상징하는 과학문화 조형물 설치 및 벽화조성, 벤치 등 편의시설 등을 점진적으로 설치할 예정입니다.

2018년에는 먼저 회기역에서 경희대 삼거리에 이르는 좁은 인도를 정돈하고 복잡하게 얽혀 있는 전신주를 지중화하는 사업이 한전과 함께 약 22억의 예산으로 진행될 것입니다.

- 서울 바이오허브의 도약을 기대하며

단계별 확충
전 주기적인 지원체계 조성
글로벌 시장 진출 지원

지난 2017년 10월 30일 "서울 바이오허브" 개관식에 참석했습니다. 바이오 분야 예비창업자부터 글로벌 진출을 모색하는 기업까지 지원하는 앵커시설이자 바이오 창업 인프라를 총괄하는 컨트롤타워가 개관한 것입니다.

이번 산업지원 동에 이어서 연구실험 동과 지역열린 동을 내년 하반기까지 순차적으로 개관하며, 2023년에는 글로벌협력동이 문을 열 것입니다.

서울시는 개관식에서 바이오산업을 서울의 미래 먹거리 산업으로 선정하고 한국과학기술연구원(KIST)과 한국과학기술원(KAIST), 고려대, 경희대, 경희의료원 등 대학·병원·연구기관이 집적된 홍릉 일대를 바이오·의료 클러스터로 육성하기 위한 '서울 바이오·의료 산업 육성계획' 을 발표했습니다.

바이오산업은 4차 산업혁명 시대에서 핵심 미래산업이자, 반도체와 자동차 등 기존 제조업 규모를 뛰어넘는 급성장이 예상되는 산업입니다. 정부도 바이오·의료 산업 활성화를 위한 다양한 노력을 추진 중인데, 구체적으로 다음과 같습니다.

아시아 최고의 바이오·의료 벤처 도시로 도약하기 위한 '서울 바이오·의료 산업 육성계획' 은 - 기업 입주공간 등 인프라 구축 - 창업 전주기 지원체계 조성 - 글로벌 시장 진출 등 3대 분야의 10대 핵심 과제를 골자로 합니다.

첫째, 서울 바이오허브를 비롯한 홍릉 일대 바이오 핵심거점을 단계별로 확충합니다. 2023년까지 공공·민간 분야를 통틀어 바이오 스타트업 입주공간을 500개소 조성해 인프라를 확충하고, 총 150억 원의 예산을 투입해 현미경, 세포배양기, 원심분리기 등 총 99종의 공용연구 장비를 2021년까지 구축합니다.

둘째, 혁신기술을 보유하고 있는 기업을 대상으로 사업화를 지원하고, 초기 스타트업을 대상으로 400억 원 규모의 서울 바이오펀드를 조성해 운영하는 등 바이오ㆍ의료 스타트업을 육성하기 위해 전(全) 주기적인 지원체계를 조성합니다. 특히, 오송ㆍ대구ㆍ원주 등 지역 바이오클러스터와의 협력관계를 구축하여 예비창업자, 초기창업자, 글로벌 전문인력을 양성하기 위한 교육 과정도 운영합니다.

셋째, 경쟁력 있는 창업기업의 글로벌 시장 진출 지원에 집중합니다. 해외 바이오클러스터 액셀러레이터를 유치하고, 서울 바이오ㆍ의료 국제콘퍼런스를 개최하는 등 글로벌 네트워킹 확대를 위한 다양한 기회를 만들어 창업 기업에 제공합니다.

서울 바이오허브는 바이오 분야 예비 창업자부터 글로벌 진출을 모색하는 기업까지 전(全) 생애주기를 지원하는 앵커시설이자 바이오 창업 인프라를 총괄하는 컨트롤타워입니다. 미래 먹거리 산업이자, 핵심 산업인 바이오산업이 발전 확산되도록 서울시의원의 한 사람으로서 긴밀한 협력을 아끼지 않겠습니다.

03.
재정 혁신의 시스템이 될 서울공공투자관리센터

- 건전하고 효율적으로 활용하기 위한 시민의 눈이 되어야

서울시의 태도가 변해야
공공투자관리센터의 위상 강화
그릇된 시각 개선 효과

지방재정을 건전하고 효율적으로 운용하려는 역할에 대한 기대로 서울공공투자관리센터가 설립된 지 어느덧 5년이 지났습니다. 공공투자관리센터는 각종 투자 사업을 지방자치단체 스스로 투자 관리하는 시스템을 구축한다는 기대를 안고 지난 5년간 기대에 걸맞은 눈부신 성장을 해왔습니다.

아울러, 민간의 경제침체 상황이 이어지면서 공공부문의 재정 투입 필요성이 더욱 커지면서 더 엄격하고 꼼꼼한 투자관리 시스템의 중요성은 날이 갈수록 주목받고 있습니다. 이런 기대와 성과에도 서울공공투자관리센터가 좀 더 발전하기 위해서는 몇 가지 운영과 관리상 보완해야 할 점들이 남아 있습니다.

우선, 대외적인 측면에서 중앙정부의 지나친 간섭을 탈피하는 방향으로 신속하게 제도를 개선해야 합니다. 현행 「지방재정법」은 총사업비 500억 원 이상의 신규 투자사업에 대한 타당성 조사를 행정안전부가 고시한 한국지방행정연구원에서 수행하도록 하고 있습니다.

한국지방행정연구원은 2014년 12월에 각 지방자치단체가 필요로 하는 타당성 조사 업무를 전담하고자 '지방투자사업관리센터(LIMAC)'를 설립해 운영하고 있습니다. 관계 법령이 행정자치부로 하여금 지방자치단체가 시행하는 일정 규모 이상의 사업에 대한 타당성 조사를 수행하는 기관을 지정하도록 한 것은 지방자치단체가 스스로 내린 조사결과에 대한 공정성과 신뢰성을 인정하지 않겠다는 것과 같습니다. 이는 지방자치단체의 타당성 조사 역량을 무시하는 독선적이고 반(反) 지방자치적 태도에서 비롯된다고 봐야 합니다.

〈지방자치단체의 공공투자관리센터 구성 현황〉

설립근거	지자체	총원	구성
조례상 존재	서울	22	소장(1), 팀장(4), 부연구위원(1), 연구원(15), 운영직원(1)
	부산	6	투자분석위원(2), 연구원(4)
	제주	3	센터장(1), 전문연구위원(1), 전문연구원(1)
조례 없음	경남	6	센터장(1), 연구위원(1), 전문연구원(4)
	울산	4	센터장(1), 부연구위원(1), 전문연구원(2)
	충북	3	센터장(1), 전문위원(1), 전문연구원(1)
	대구경북	6	센터장(1), 부연구위원(2), 연구원(3)

이미 서울을 비롯해 부산, 제주, 경남, 울산, 대구, 경북 등 7개 자치단체는 규모의 차이는 있으나, 해당 분야의 전문 인력으로 구성한 공공투자관리센터를 자체적으로 설립해 운영하고 있으며 일정한 성과를 내고 있습니다. 서울시 공공투자관리센터의 경우 연간 150건(약 5조5천억 규모) 이상의 타당성 조사 및 검증, 검토 업무를 훌륭하게 수행하고 있습니다.

이에 따라 관련 법령을 개정하여 일정한 규모와 인력 이상의 공공투자센터를 설립해 운영하는 지방자치단체의 경우 중앙정부의 예산을 투입하지 않는 자체 사업에 대해서는 LIMAC의 심사를 거치는 현행 제도를 개선할 필요가 있습니다.

행정안전부가 지방자치단체 스스로 검증하는 시스템이나 전문성에 대해 의구심을 떨치기 어렵다면, 필요에 따라서 우선 지방자치단체가 설립한 공공투자관리센터의 역량에 대한 사전평가나 인증 제도를 유지하는 방안에 대해서도 고민해봐야 합니다.

다음으로, 공공투자관리센터 심사 결과를 존중하려는 서울시의 노력이 필요합니다. 지난 5년간 공공투자관리센터가 수행한 타당성 검토 가운데 B/C 분석결과가 1.0 미만으로 경제성이 없다고 판단한 사업 가운데, 전체의 약 30%에 해당하는 154건의 사업이 투자심사를 통과했습니다. 물론 투자심사는 경제성 외에 정책적 판단이 추가되는 것을 고려하더라도 지나치게 높은 수치라고 평가할 수 있습니다.

최근에는 투자심사에서 공공투자관리센터의 심사 결과 B/C 1 미만의 사업이 통과되는 비율이 2012년 44%에서 지난해에는 24%로 조금씩 개선되는 추세를 보입니다. 공공투자관리센터의 경제성 분석결과가 투자심사의 주요 판단기준이 되지 못한다면 공공투자관리센터의 위상을 높일 방안은 많지 않습니다.

앞서 살핀 바와 같이 행정안전부가 타당성 조사 전문기관을 일방적으로 지정·고시하는 현행 시스템을 유지하는 가장 큰 표면적 이유는 지방자치단체 스스로 온정적이고 주관적인 평가를 통해 지방재정의 위기를 초래한다는 시각 때문입니다.

공공투자관리센터의 타당성 검토가 경제성에 제한되어 있음을 고려하더라도 서울시는 투자심사에 있어서 사전 타당성 검토 결과를 존중하는 노력이 필요합니다. 서울시의 태도가 변해야 공공투자관리센터의 위상강화는 물론이고, 재정사업 투자심사 과정을 바라보는 행정안전부를 비롯한 중앙정부의 그릇된 시각도 개선하는 데 기여할 수 있습니다.

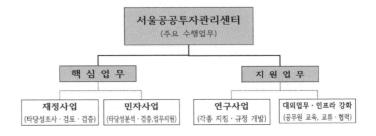

현재 서울공공투자관리센터는 서울시와 서울시의회의 전폭적인 지원과 기대 속에 외형적으로도 급성장했습니다. LIMAC는 물론이고 타 지방자치단체의 타당성 분석기관과 비교해 조직이나 예산 측면에서 크게 부족함이 없어 보입니다.

다만, 지난 5년간의 꾸준한 외적 성장에도 불구하고 향후 타당성 분석 업무에서 중앙정부의 부당한 간섭이나 왜곡된 시선에서 벗어나 투자심사 단계는 물론이고 시민에게 인정받는 조직이 되려면 내실을 다지는 노력이 더욱 필요합니다. 이를 위해 자체적인 교육이나 세미나 활성화를 통해 분석기법을 고도화하여 인력 역량을 강화해야 합니다. 필요에 따라 국내외 유사기관과의 교류를 통해 유사한 업무의 반복에서 오는 피로감을 극복하는 방안도 마련할 필요가 있습니다.

아울러, 장기적으로는 경제성 분석업무에 한정된 타당성 조사의 한계를 넘어서 투자심사단계에서 요구하는 비계량적 판단 근거를 제공할 수 있을 때까지 성장하도록 관련 조직과 인력 등 관련 역량을 강화해야 합니다.

서울공공투자관리센터는 지방재정을 건전하고 효율적으로 활용하기 위한 시민의 눈이 되어 지난 5년간 성장해왔습니다. 과거 지하철 9호선 건설이나 우면산 터널과 같은 대규모 투자사업 시행과정에서 부실한 타당성 조사 때문에 막대한 재정손실로 시민의 지탄을 받아온 경험을 떠올려 볼 때 공공투자관리센터의 존재와 역할의 중요성은 아무리 강조해도 지나침이 없습니다.

중앙정부의 부당한 간섭에서 독립하여 투자 심사과정에서 공공투자관리센터 분석결과를 존중하는 제도를 보완하면서 현재 성과에 안주하지 말고, 서울시 재정 혁신의 시스템으로 완전히 자리 잡을 때까지 혁신을 멈추지 말아야 합니다.

04.
중소기업 지원 및 육성에 앞장서다

- 대기업에 잠식되는 중소기업, 이대로 괜찮은가

대기업 위주의 경제구조
낙수효과 이제는 효과 없어

〈 서울 상암동 에스플렉스센터에서 방문 모습 〉

"9988"이란 중소기업을 일컫는 말로, 한국의 기업 가운데 99% 이상이 중소기업이고 기업종사자의 88%가 중소기업에서 일하고 있다는 의미입니다. 우리나라의 중소기업 사업체 수는 2014년 기준 354만 개로 전체 사업체 수 대비 99%이며 중소기업 종사자는 1,403만 명으로 전체 종사자 1,596만 명 중 88%를 차지합니다.

중소기업은 제조업에서 지난 5년간(2009~2014년) 생산액이 50.6% 증가하고 부가가치는 53.6%가 증가하여 기여도에 있어 대기업을 앞선 것으로 나타났습니다. 생산의 주체로서도 핵심적인 역할을 하고 있습니다. 전체 고용증가 인원의 88.8%를 차지하는 등 실질적으로 일자리 창출을 주도하고 있습니다. 반면 대기업은 같은 기간 창출된 일자리의 11.2%를 차지하는 데 그쳤습니다. 이같이 중소기업은 사업체 수와 종사자 수에 있어 한국경제의 기반이자 일자리 창출의 주역을 맡고 있습니다.

하지만, 현실의 중소기업은 영세한 규모와 낮은 생존율로 어려움에 처해 있습니다. 2014년을 기준으로 전체 중소기업 354만 개 중에서 소상공인이 306만 개로 86.5%이며, 창업 중소기업의 70%가 5년 이내에 사라지고 있습니다.

한국전쟁이 끝나고 1960년대의 우리나라는 세계에서도 손꼽히는 극빈국이었으나 반세기 만에 GDP 규모 세계 11위, 수출 규모 세계 6위(2015년 기준)를 기록하는 극적인 경제성장을 이루었습니다. 폭발적인 경제 성장의 배경에는 1960년대부터 정부가 주도한 경제개발계획에서 제조업과 수출 대기업에 대한 집중투자와 육성이라는 성장전략이 있었습니다. 특혜와 정경유착 등의 논란이 있었으나 고도성장은 대기업뿐만 아니라 중소기업이나 근로자에게도 성장 혜택이 주어졌으므로 성공적인 경제발전 모델로 평가되었습니다.

그러나 1997년 외환위기 이후에 우리나라의 경제는 성장률이 하락하고 2016년에는 2.8%로 저성장 기조에 들어서면서 대기업은 성장해도 중소기업은 성장하지 못하는 구조로 바뀌었습니다. 그 결과 대기업과 중소기업 간의 생산성, 근로자의 임금 등의 격차가 더욱 확대되어 내수불황과 사회적·경제적 양극화가 심화되었습니다.

이런 문제가 발생한 원인은 바로 대기업 위주의 경제구조에 있습니다. 지난 반세기 동안 정부는 수출을 통하여 경제성장을 이루고자 수출을 주도하는 대기업에 막대한 자금과 자원을 투입하였습니다. 그간 정부는 대기업이 성장하면 그 과실이 중소기업과 근로자에게도 돌아간다는 낙수효과 이론으로 이를 정당화하였으나 현실은 녹록지 않았습니다. 호황이 오면 대기업이 이익을 독식하고, 불황이 오면 중소기업에 부담을 전가하는 불공정한 관행이 만연해 중소기업의 성장 동력을 대기업이 잠식하고 있는 상황입니다.

- 중소기업 지원 조례를 통과시키다

> 대다수 국민이 중소기업 통해 생계유지
> 중소기업에 혜택을 줘 발전시켜야
> 우리 경제 문제의 해법은 중소기업

한 나라의 국가 경제는 대기업만으로 발전할 수 없습니다. 중소기업의 종사자가 1,400만 명이고 이들의 가족까지 합치면 대다수 국민이 중소기업을 통하여 생계를 유지하고 있는 셈입니다. 따라서 과거 대기업에 집중되었던 정책과 지원을 중소기업에도 혜택을 줘서 발전시킬 정책이 필요합니다.

최근 문재인 정부에서 정부조직을 개편하면서 종전의 중소기업청을 중소벤처기업부로 격상하였고 동반 성장하기 위해 중소기업 중심으로 정책을 전환하겠다는 의지를 보여 기대하고 있습니다.

중소기업이 중요한 이유 중 하나는 고용 없는 성장으로 높아지는 실업률, 양질의 일자리 감소 등과 같은 오늘날 우리 경제의 문제를 해결할 수 있는 좋은 해법이기 때문입니다.

최근 청년실업문제가 심각한 편인데, 일자리 수가 부족하기보다는 '질 좋은 일자리'가 적기 때문입니다. 현재는 대기업, 공공부문, 일부 전문서비스직 등이 좋은 일자리로 인식되고 있습니다.

앞으로는 중소기업이 좋은 일자리로 변할 수 있도록 다양한 중소기업 육성 및 지원정책을 통해, 유연성과 혁신성이 넘치는 중소기업의 장점을 살리고, '좋은 일자리'를 창출하도록 적극적으로 지원해야 합니다.

「헌법」 제123조 제3항을 보면, 국가는 중소기업을 보호, 육성해야 한다는 규정이 있습니다. 중소기업의 보호와 육성은 단순한 정책을 넘어서 헌법적인 가치가 담겨 있습니다. 따라서 법·제도적인 측면에서도 중소기업에 지금보다 더 체계적이고 다양한 지원을 해줘야 합니다.

이런 취지에서 2016년 3월, 서울시에 중소기업에 체계적 지원과 육성을 위한 시책을 마련하고 중소기업의 창업, 판로 지원을 위한 시설을 확충·강화하도록 하는 조례(「서울특별시 중소기업 육성및 지원에 관한 조례 일부 개정안」)를 발의하였고, 서울시의회에서 2016년 4월에 통과되었습니다.

이 조례를 통하여 현재 서울시가 운영 중인 중소기업지원시설에 대한 법적 근거를 마련하였고 향후 중소기업의 창업, 판로에 대한 지원을 확대하여 다각적인 지원체계를 갖추도록 하였습니다.

인터넷의 발전은 국경을 무너뜨리고 시장접근 비용을 크게 낮추었습니다. 정보통신기술을 바탕으로 하는 제4차 산업혁명은 기술의 융·복합을 통하여 새로운 제품과 서비스를 창출할 수 있다는 점에서 중소기업에 새로운 성장과 발전의 계기가 될 수 있습니다.

따라서 혁신적인 중소기업이 탄생하도록 불필요한 규제를 완화하고 지속적으로 성장할 수 있는 환경을 조성해야 합니다. 저는 정책과 입법을 통하여 적극적으로 지원할 계획이며 언젠가 우리 청년이 대기업이나 공무원이 아닌 중소기업을 더 선호하는 환경이 만들어지길 기대합니다.

서울시 및 교육청 결산검사에 대한 평가와 개선방안

- 결산검사 제도 이해와 감독과 통제를 통한 조례 개정 필요

> 예산을 적절히 집행했는가?
> 회계 책임성 강화
> 재정에 대한 감독 및 통제 임무 수행

결산이란, 회계연도 내의 모든 세입과 세출예산의 실적을 확정적인 수치로 표시하는 행위입니다. 지방자치단체의 결산은 세입/세출예산, 징수, 수납, 지출 등 예산의 집행내용을 기록하는 예산회계 결산과 발생주의[5] 회계 원리에 따라 자산과 부채, 수익/비용 등을 기록하고 보고하는 재무회계 결산으로 이원화되어 있습니다.

결산하는 목적은 예산 성립과정에서 당초에 의회가 의결한 것과 같이 예산을 적절히 집행했는지를 확인하는 절차로 이런 과정을 통해 다음연도 예산편성과 재정운영에 참고하는 데 의

---

5) 현금주의(現金主義)와 상반된 개념으로, 현금의 수수와는 관계없이 수익은 실현되었을 때 인식되고, 비용은 발생되었을 때 인식되는 개념

의가 있습니다.

결산의 기능은 의사결정 자료로 결산 자료를 통해 각종 성과 평가와 목표 수립은 물론이고 새로운 사업 계획과 다양한 의사 결정 자료로 활용합니다. 또한, 회계 책임성을 강화합니다. 지 방자치단체의 장에게 행·재정적인 사무 처리와 사업시행 등 에 신중히 처리하도록 하고, 회계책임과 재정에 대한 감독 및 통제 임무를 수행합니다.

세입·세출 예산 집행결과에 대한 평가를 통해 다음 연도 예 산편성과 심의 자료로 활용 가능합니다. 그리고 주민에 대한 환 류기능을 합니다. 지방자치단체 재정운영에 대한 실태와 성과 를 주민에게 공개해 예산 집행의 민주성과 참여성을 강화합니 다. 결산검사는 지방자치단체가 예산의 집행결과인 결산 보고 서를 지방의회의 승인을 받으려고 제출하기 전에 재정집행의 적정성 여부 등에 대한 회계감사를 하고 보고하는 단계입니다.

각종 결산자료를 검증하고 확인하여 결산 및 재정집행의 신뢰성과 적정성에 대한 결과를 보고하여 회계책임성을 확 보합니다. 의회와 시민이 결산 및 재정집행에 대한 올바른 판단을 내리는 근거를 제공하는 데 기여하고 있어 그 의미가 매우 큽니다.

〈 결산검사 절차 〉

일정	시기	내용
결산서 작성	2월 말	부문별 결산서 작성
지자체장 보고	3월 20일까지	세입/세출 재무제표 기금, 채권/채무, 재산/물품결산
결산검사	20일간	결산검사위원회의 검사
검사의견서 제출	검사 후 10일 이내	지방자치단체장에게 제출
의회승인신청	다음연도 5월 말까지	자치단체장이 결산검사의견서를 첨부해 의회에 승인 요청
의회 심의/의결	다음연도 월 말까지	지방의회 심의/의결

결산검사의 대상은 결산 개요, 세입·세출 결산, 재무제표, 성과보고서, 결산서의 첨부서류, 서울특별시 금고 등의 결산입니다. 범위는 **첫째,** 결산 확인입니다. 결산 보고된 세입세출 결산의 내용이 법령[6] 과 예산에 제대로 보고되었는지, 장부와 서류의 결산금액이 일치하는지를 확인하는 것으로 기본회계검사 절차라고 할 수 있습니다.

---

6) 결산 관련 법령: ▶「지방자치법」 제134조, 제134조의2 및 같은 법 시행령 제82조부터 제84조 ▶「지방회계법」 제14조부터 제19조 같은 법 시행령 제10조부터 제17조 ▶「지방자치단체 기금관리기본법」 제8조 ▶「지방공기업법」 제35조, 제66조, 제66조의2 및 같은 법 시행령 제36조 ▶「지방자치단체 재무회계규칙」 제30조, 제31조 ▶「서울특별시 결산검사위원 선임 및 운영에 관한 조례」

둘째, 회계검사입니다. 세입·세출이나 재산, 채권, 채무 등이 관련 법령이나 예산이 정한 대로 효율적으로 집행되는지를 검사하는 단계로 기업회계 재무제표와 달리 단순한 회계처리 결과 외에도 예산의 효율적 집행에 대한 업무처리 내용도 검사 범위에 포함된다고 보는 것이 타당합니다.

다만, 결산검사 과정에서 결산검사위원이 확인한 위법 부당한 사항에 대해 지방자치단체장에게 직접 변동이나 징계조치 등을 요구할 수 있는지에 대해서는 지방의회의 경우 본회의 의결 이후에 시정조치를 직접 요구할 수 있는 것으로 결산검사위원에게는 이와 같은 권한을 부여할 수 없다는 것이 다수의 의견입니다.

셋째, 결산검사위원을 선임해야 합니다. 「지방자치법 시행령」 제83조 규정에 따라 서울시의 경우 5명 이상 10명 이하의 위원(기초의회는 3명 이상 5명 이하)으로 구성하며, 구체적인 위원 수와 선임방법 및 운영 등에 관한 사항은 조례로 정합니다. 또한, 지방의회 의원이 전체 검사위원 수의 1/3을 초과할 수 없습니다. 결산검사위원은 독립적인 지위를 가지고, 결산검사와 관련해 자료요구권이나 조사권한을 갖고 활동하도록 보장합니다.

이에 따라 결산검사위원들은 결산심사 활동을 하는데, **첫째,** 독립성을 보장받아야 합니다. 관련 규정에 따라 선임된 결산검사위원은 주어진 권한과 범위 내에서 공정하고, 객관적, 신뢰성 있는 검사를 해야 하며, 이를 위해 독립적인 활동을 저해하는 관여로부터 보호되어야 합니다.

둘째, 자료요구와 이를 잘 활용해야 합니다. 결산검사위원은 검사 목적수행에 필요한 각종 자료와 증거를 제출하도록 요구할 수 있으나 직무수행과 무관한 자료에 대해서는 요구할 수 없고, 제출받은 자료는 검사 본래의 용도 이외에 소속 단체나 개인의 이해관계를 비롯해 개인적인 목적으로 사용할 수 없습니다.

셋째, 결산검사위원에게 요구되는 자세입니다. 법령과 기준에 따라 공정하고 성실하게 검사에 임해야 하고, 편견이나 자의적인 판단에 따라 검사를 수행하지 않도록 유의해야 합니다. 또한, 검사업무 수행에서 분식결산이나 구조적 회계부정 등이 빠지지 않도록 검사인으로서의 성실한 주의의무를 다해야 합니다.

〈2016년 회계연도 서울시 결산검사 및 결산토론회 개최 모습〉

- 서울시 민간보조사업 관리실태 심각

관련 보고서도 제출하지 않아
별도의 적극적인 조치 필요
관련 조례 개정 시급

　서울특별시의회 결산심사 대표위원으로 활동하면서 집행부에 요구해 받은 자료와 관련 보고서를 검토해보니 서울시 민간보조사업의 문제점이 많이 드러났습니다. 서울시는 2017년 75개 부서에서 422개 민간보조 사업을 추진 중이며, 2017년 민간보조 예산은 일반회계 7,713억 2,600만원, 특별회계 6,690억 9,200만원, 기금 526억 5,600만원 등 총 1조 4,930억 7,400만원으로 일반회계 비중이 51.7%로 가장 크고, 특별회계 44.8%, 기금 3.5% 순으로 나타났습니다.

〈 민간보조 회계별 예산 〉

(단위 :개, 백만원, %)

구 분		2015년	2016년	2017년
사업	부서 수	78	79	75
	세부사업 수	410	389	422
예산	일반회계	688,263(48.5%)	733,995(48.0%)	771,326(51.7%)
	특별회계	691,158(48.7%)	750,283(49.0%)	669,092(44.8%)
	기금	40,991(2.9%)	45,638(3.0%)	52,656(3.5%)
	합계	1,420,412(100%)	1,529,917(100%)	1,493,074(100%)

그런데, 약 1조 5,000억원이 집행되는 민간보조사업의 관리가 매우 부실하였습니다. 「지방재정법」은 민간보조사업자가 지방보조사업의 수행상황, 실적 및 정산내용을 보고하도록 규정하고 있음에도 2015년 43개(13.4%), 2016년 50개(16.3%) 단체가 사업추진실적 및 정산보고서를 제출하지 않았습니다.

또한, 서울시는 보조금 부당·부적정 집행을 방지하고 보조금 집행 투명성을 높이기 위해 2014년에 보조금 관리 시스템을 구축하였지만, 편의성 부족으로 2016년 민간보조금 관리시스템 이용률이 47.9%에 불과했으며, 민간보조금은 집행 잔액이 발생하거나 교부결정이 취소된 경우, 그 금액을 반환해야 함에도 2017년 3월 28일 현재 민간보조금 체납액은 7,700만원입니다. 2016년 이전에 발생한 체납액을 합산할 경우, 민간보조금 체납액 규모는 늘어날 것입니다.

서울시는 민간보조금 반환금 환수를 위해 공문발송과 독촉 공문 발송 이외에 별도의 적극적인 조치를 하지 않고 있으니 더욱 문제입니다. 서울시는 민간보조금이 부적격자에 교부되지 않도록 지원이력 등을 체계적으로 관리해야 하며, 장기화된 시비보조금 반환금의 체납금 환수를 위해 적극적으로 조치해야 합니다.

민간보조금 규모가 1조 4,930억원인데도 성과평가결과 보고 규정이 마련되지 않았습니다. 그래서 서울시의회는 이러한 민간보조금 사업성과를 감독 및 통제할 때 매우 곤란했습니다. 향후 관련 조례를 개정하여 민간보조금 교부 및 관리에 대해 감독과 통제할 필요가 있습니다.

TIP

정책만으로 알 수 없는 정치 이야기 : 결산검사 제도의 종합적인 대책 제안

> 결산 검사위원 인원 통제는 부당해
> 전문 결산위원으로 구성해야
> 위법·부당한 사항을 조치할 수 있는 권한 필요

2016년도 서울시 및 서울시교육청의 결산검사 결과, 종합적인 대책 마련이 필요한 것으로 판단되었습니다.

첫째, 결산심사위원의 정수를 법령에서 통제하는 상황을 개선해야 합니다. 현재 결산검사 위원의 선임은 「지방자치법 시행령」 제83조 규정에 따라 시·도의 경우 5명 이상 10명 이하, 시·군·구의 경우 3명 이상 5명 이하의 위원으로 구성하도록 하고, 구체적인 위원 수와 선임방법 등에 관해서는 자치단체의 조례로 정하고 있습니다. 이에 따라 현재 서울시는 5명 이상 10명 이하의 위원으로 구성해 운영하고 있습니다. 무엇보다 결산검사위원의 정수까지 법령을 통해서 통제하는 것은 지방자치 제도의 취지에 반하는 지나친 입법행위이자 지방자치에 대한 간섭이라고 볼 수 있습니다.

광역자치단체라 하더라도 결산의 규모와 형태가 각기 상이한 상황에서 정부가 법령으로 결산검사위원의 정수를 통제하는 것은 결산검사의 효율적 진행은 물론이고 궁극적으로 지방자치에 반하는 태도입니다. 실제로 서울시의 2017년 전체 세출예산 규모(일반회계+공기업특별회계+기타특별회계+기금)는 45조 9,703억원인데 반해, 세종시는 1조 4,128억원으로 약 33배에 이릅니다. 그런데, 결산검사위원은 서울시가 10명, 세종시가 7명으로 큰 차이가 없습니다.

서울시의 경우 예산규모가 훨씬 크고 사업의 종류도 다양하기 때문에 짧은 기간에 결산검사를 시행하는 데 물리적인 한계가 있습니다. 이는 결산검사 부실의 주요 원인이 될 수 있다는 점에서 지방자치단체가 결산검사위원의 수를 자율적으로 정하거나 최소한 제한 범위를 현재보다는 확대해야 합니다.

둘째, 결산검사위원의 활동을 보좌하는 보조 인력의 지원근거 마련이나 전문적인 결산 지원을 위한 소위원회를 구성할 필요성이 있습니다. 서울시의원 3명을 비롯한 10명의 결산검사위원이 25일의 검사기간 동안 결산개요와 세입·세출 결산, 재무제표, 성과보고서, 각종 첨부서류와 서울특별시 등의 금고 결산까지를 검사합니다. 이 기간은 지나치게 짧으며, 결산일정을 고려할 때 결산검사 기간을 무한대로 확대할 수 없다는 현실적인 제한이 있습니다.

현재 「지방자치법」에는 지방의원에게 별도의 보좌 인력을 둘 수 없도록 하고 있어 결산검사에 참여하는 시의원들은 효율적인 결산검사를 위해 보조 인력이 부재한 상황입니다. 민간위원도 서울시정에 대한 이해가 깊지 않은 경우가 많아 결산검사의 효율적 수행을 위해 한시적으로라도 전문 보조 인력이 필요합니다.

또한, 최근 결산검사가 단순한 재무상황의 확인에서 각종 사업의 타당성 등으로 확대되어야 하는 목소리가 크다는 점에서 보조인력 지원 외에 분야별로 시정 현안사업에 이해가 높은 집단으로 소위원회를 구성해 결산검사 활동을 지원하도록 하는 방안도 검토해야 합니다.

셋째, 결산검사 과정에서 발견한 위법·부당한 사항에 대한 조치를 요구할 권리입니다. 결산검사 과정에서 발견한 위법·부당한 조치에 대해 결산검사위원회가 의결 후 의장 명의로 혹은 자체적으로 시장에게 변상 및 징계 조치를 요구하는 방안이 필요합니다.

2011년 7월 「지방자치법」 제134조 개정을 통해 결산의 심사 결과 위법 또는 부당한 사항이 있을 때, 지방의회는 본회의 의결 후 지방자치단체장 또는 해당 기관에 변상 및 징계 조치 등 그 시정을 요구하고, 지방자치단체장이나 해당 기관은 시정요구를 받은 사항을 곧바로 처리하여 그 결과를 지방의회에 보고하도록 하였습니다. 결산검사의 위상과 효과성을 강화하려면 현행 법령을 개선해 결산검사위원회가 본회의 의결 없이 의장이나 결산검사위원회 명의로 위법·부당한 사항에 대한 개선과 변상·징계 등을 요구할 수 있어야 합니다.

현재는 결산검사의견서에 시정조치 의견을 게재하는 지극히 제한적인 조치만 취하고 있어 결산검사위원회 위상이 제한적일 수밖에 없습니다. 본회의 의결을 통한 변상과 징계요구는 집행부서가 결산검사위원의 활동을 유명무실하게 인식하게 할 우려가 있다는 점에서 제도 개선이 시급합니다.

〈2017년 서울특별시 결산 총평〉

맹진영(서울특별시의회 결산검사대표위원)

2017년 서울시 결산검사위원회 대표위원으로서 서울시 결산을 총평하여 말씀드리면 다음과 같습니다. 중앙부처에서도 서울시의 우수한 정책들을 많이 차용할 만큼 그 수준은 매우 높습니다. 서울시 공무원들은 정책의 기획이나 집행 면에서도 매우 우수한 분들입니다. 서울시는 어려운 재정여건 중에도 선택과 집중을 통해 효율적으로 시정운영을 한 것으로 보입니다.

그러나 사업의 종류와 규모가 워낙 방대하다 보니 반복적인 예산 불용과 빈번한 수의 계약 등, 여전히 많은 문제점이 존재하였습니다. 특히 민간보조금 관리 사각지대는 반드시 개선해야 합니다. 이러한 문제점은 시민의 참여와 관심, 시의원들의 견제와 감시 노력, 서울시 공무원의 공직에 대한 소명의식과 자정 노력 등 삼박자가 맞지 않으면 해결될 수 없으며 앞으로 다가올 복지사회를 위해서도 그 중요성이 더 커질 것입니다. 아울러 주민참여예산 사업의 집행에 대해서 보고 드리면 다음과 같습니다.

잘 아시다시피 주민참여예산 제도는 2013년부터 시행되어 5년 차에 접어들고 있습니다. 총 한도액을 500억으로 정하여 예산편성 과정에 시민들이 직접 서울시정에 참여할 수 있는 제도입니다. 2012년 이후 시민이 요구하는 사업에 대한 수요가 계속 증가하는 추세이며, 2016년도에는 시민이 요구한 사업은 3,593개, 요청 예산은 4,652억이 접수되었습니다. 여러 가지 과정의 심사를 통해 서울시 전체 공통사업에 269개 사업 372억, 자치구지역 사업에 255개 사업 126억을 배정하여 약 90%의 집행률을 보였습니다. 아무래도 시민이 직접 참여하고 평가하여 선정한 예산이다 보니, 실제로 의미 있는 예산 집행이라 할 수 있습니다.

주민참여예산 사업은 그 발굴부터 선정, 집행까지 전 과정에서 시민이 직접 참여하다 보니 만족도가 상대적으로 높을 수밖에 없는 것 같습니다. 예산 편성은 사업의 우선순위를 정하는 것이기도 합니다. 시민의 요구를 반영한 사업은 사업의 성과뿐 아니라 만족도도 남다르다는 점을 고려하면 저는 개인적으로 시민참여 예산을 1,000억 이상으로 대폭 확대하기를 기대합니다.

서울시민이 정치에 직접 참여하는 영역이 커질수록 민관 협력, 협치, 거버넌스 등의 가치가 실현될 수 있습니다. 아울러 이 과정이 주권자의 참여를 통한 참여 민주주의 학습장이 됩니다. 시민이 원하는 복지 수준을 달성하려면 재원이 필요하다는 사실은 누구도 부인하지 못할 것입니다. 그리고 새 정부가 들어서면서 세입측면 '즉 세금을 더 걷는 일'에 대해서 논의되고 있는데, 결국 세출측면 '낭비되는 돈이 없도록 하는 일'에 대한 논의도 그에 못지않게 중요합니다. 예산이 낭비되지 않으면 그 자체만큼 증세 효과가 있기 때문입니다. 따라서 더 많은 사람이 결산에도 관심을 가지고 결산 검사 결과가 다음연도 예산 편성에 반영되어, 낭비되는 세금이 없도록 해야 할 것입니다.

새로운
사회운동을
논하다

1. 새로운 사회운동과 운동정치학[7]

가. - 문제 제기

지난 세기가 경제의 시대였다면 21세기는 정치의 시대입니다. 여기에서 언급하는 정치는 정권 획득을 위한 제도권 내의 권력 작용을 의미하지 않습니다.

온갖 모순과 갈등을 일으키는 현상의 근원적 동기를 밝혀 이를 극복하려는 인간의 의식과 실천, 집중적이고 집합적인 노력, 참여한 사람들의 공동 관리, 운영이라는 의미에서 '사회 운동으로서의 정치'를 말합니다.

우리 시대는 상상력이 고갈된 정치, 자기파괴적 합리성의 경제, 창조적 모티브가 거세된 소비대중 문화로 위기를 맞고 있습니다. 그 동안 우리 사회의 변혁을 위한 논의는 제한적이었습니다. 서구에서 많은 비판을 받아 설득력을 잃어가는 사회심리적

---

7) 이 글은 〈새로운 사회운동과 운동정치학〉이란 제목으로 1993년 사회문화연구소에서 발행한 『현대와 탈현대』라는 책에 실린 글로 한번 짚고 넘어가면 좋을 것 같아 요약 정리하여 실었습니다. '문화와 사회 연구회'에서 활동할 당시 그동안의 연구 활동을 토대로 제시한 저의 첫 산물로서 새로운 사회운동과 그 이론을 진단 및 성찰하면서 사회운동의 의미를 근본적으로 재구성하려고 시도했습니다.

접근법이나 체계 이론적 접근, 자원 동원론을 소개하거나 부분적 경험연구가 대부분이었습니다.

필자는 우리사회의 노동운동 중심의 전통적 사회운동과 생태계 보호운동, 반핵평화운동, 여성운동, 공동체운동 등의 새로운 사회운동이 공존하는 한국 사회 사회운동의 보편성과 특수성을 고찰해보고자 합니다.

이러한 관점에서 사회운동을 위한 사회운동에 대한 이론화를 모색하고, 이를 운동정치학(Movement Politics)이라고 부르고자 합니다. 운동정치학은 시대의 위기를 사회 밖의 외부 환경에서 일부 찾는 것이 아니라, 산업문명 전체의 위기와 관련된 자본주의 체제 위기로 파악하여 현대성에 대해 근본적인 반성을 통해 사회운동의 의미를 근본적으로 재구성하고자 합니다.

우리는 위기의 시대를 올바로 진단하고 미래 사회의 대안을 구성해야 합니다. 위기의 비판뿐 아니라, 비판의 위기도 함께 고려해야 합니다. 서구에서 활발하게 제기된 사회운동과 그 이론을 비평하고 성찰함으로써 우리는 사회운동에 대한 새로운 관점을 얻을 수 있습니다.

첫째, 새로운 사회운동을 형이상학이 사라진 시대에 형이상학이 차지했던 자리를 대신하는 중요한 실천형태로 평가합니다. 그러므로 새로운 사회운동의 풍부한 이론적 자원을 비판적으로 수용하면, 전통적 사회운동이 가진 한계를 인식론적 차원에서 검토할 수 있습니다.

둘째, 정치·사회학적 지평에서 새로운 사회운동을 통해 제도정치와 운동정치의 관계를 새롭게 정립하여 정치와 정치이론을 확장하고 심화할 수 있습니다.

셋째, 우리 사회의 사회운동 논리를 새롭게 발전시킬 수 있는 가능성이 열립니다. 물론 서구의 구체적인 조건과 우리 사회와의 차별성을 고려하지 않고 무조건 도입해서도 않되 지만 반대로 차이만을 강조하면서 새로운 사회운동이 한국 사회와 무관하다는 주장은 지나치게 나태한 생각입니다.

나. - 새로운 사회운동의 출현 배경

서구의 새로운 사회운동은 참여자, 이슈, 가치, 행위양식 등에서 고전적 사회운동과는 많은 차이가 있습니다. 이 운동은 다양한 주체, 부문, 노선 등이 복합적으로 혼재합니다. 때로는 해방적이고 급진적이며, 때로는 낭만적이고 회피적입니다.

제도 내에 심대한 영향을 끼친 이 사회운동을 어떻게 평가해야 할까요? 좌파니 우파니 하는 사회의 논의를 뛰어 넘어 신 사회운동 이론을 재구성하여 산업문명의 긍정적 유산을 수용할 필요가 있습니다. 새로운 합리성의 구도로 해방적 사회를 기획하는 이론적 자원으로 활용하기도 해야 합니다.

신 사회운동은 1960년대 후반 이후 자본주의 체제의 근본적인 변화와 위기에 대한 반응으로 볼 수 있습니다.

특히 현대성의 위기에 대한 근본적인 재검토와 반성을 표현하면서도 여전히 현대성을 미완의 프로젝트로 파악하고 있습니다. 현대성의 위기와 관련한 사회운동은 두 가지 장애에 봉착합니다.

첫째, 적어도 사회이론에서 형이상학이 사라졌음을 이론화하는 경향이 강해졌습니다. 이런 면에서 프랑스의 사회학자 투렌(Alain Touraine)은 "메타사회적 보증이 사라졌다"고 주장합니다. 즉, 과거의 모든 사회운동은 제한되었다고 봅니다.

다시 말해 사람들은 자신이 인간본질을 정의하고 사회규범을 정당화시키는 법을 지닌 거시우주에 내포된 미시우주에 살고 있다고 생각합니다. 그러나 우리 시대에서 인간은 자신을 생산하고 변형하는 능력에 한계가 없다고 느낄 뿐 아니라, 신체 · 성 · 정신생활도 변형할 수 있는 상태에 있습니다. 새로운 사회운동은 사회 문화적 생활과 모든 국면까지 확대되었다고 주장합니다.

둘째, 공리주의적 전통의 합리성입니다. 근대적 체제는 개인의 이기심에 기초한 공리주의는 종교성의 성립과 함께 대두되었습니다. 공리주의는 쾌락주의에 입각하여 재화에 대한 인간의 욕구와 필요를 산업화를 통해 충족시키고자 합니다.

인간의 근본적 필요구조는 방치한 채 성장을 통해서만 욕구를 충족시킬 수 있다는 생산력 우선주의, 산업주의는 생태계 파괴의 근간을 이루는 생각입니다.

자본주의 체제는 1960년대 후반부터 중대한 위기를 경험하는데 환경, 경제, 복지국가, 문화의 네 가지 영역에서 살펴보도록 하겠습니다.

첫째, 환경의 위기입니다.

자본주의는 체제에서뿐 아니라, 전 지구적 차원에서 일어나는 생태계 파괴와도 관련됩니다. 근대화 초기에는 국지적이고 제한적인 환경오염이 현재에 이르러 인류의 생존마저 위협하는 지구의 위기로 부각되었습니다. 오존층 파괴, 사막화 현상, 지구 온난화, 열대림 파괴 등으로 인식도 고조되었습니다. 이러한 현상에 대한 위기의식은 생태학적인 새로운 담화를 낳았고, 산업문명 자체를 문제시하면서 미국을 중심으로 이루어진 심층생태학과 사회생태학 간의 논쟁, 그리고 생태학적 맑시즘에서 비교적 잘 나타납니다.

심층생태학이 제시하는 규범은 자아실현과 생태중심적 평등입니다. 자아실현은 자기만족을 추구하는 고립적인 의미가 아니라, 모든 생명에 대한 고유성과 다양성을 인정하는 확대된 자아를 의미합니다.

모든 생명체는 자연 속에서 생명의 전개를 실현할 동등한 권리를 가집니다. 사회생태학은 이러한 심층생태학의 영성적이고 관념적인 경향을 비판하며 등장합니다. 사회생태학은 심층생태학이 생태계 문제의 사회적 원천을 도외시한 채 관념과 추상으로 포장된 이상자연에 집착하여 자연 속의 현실마저 이상화시키는 경향이 있다고 지적합니다.

북친(Murray Bookchin)은 심층생태학이 환경문제로 인간을 단순한 생물종으로 격하시켰다고 비판합니다. 오히려 기술 산업주의와 자본주의가 생태계 파괴의 체계적 기제라고 주장하였습니다.

보다 세련된 생태학적 담화는 생태맑시즘(생태사회주의)에서 보여줍니다. 오코너(James O' Connor)는 전통적인 정치경제학적 접근법을 생산력, 생산관계, 생산조건을 재구조화합니다. 자본은 스스로 생산조건을 파괴시킵니다.

예를 들어, 자원고갈, 도시환경의 악화, 공해, 노동자의 의욕상실 등입니다. 종국에는 자신의 이윤뿐 아니라 더 많은 자본을 생산하고 축적하는 능력마저도 위협하는 자본주의 시장체제의 모순을 야기합니다.

즉 생산조건을 재생산하는 데 소요되는 비용 증가로 자본의 저 생산 가능성이 생겨 경제위기로 표출된다고 합니다. 실제 생산조건을 보호하고 재생산하는 데 드는 총비용이 총 사회 생산의 절반 이상에 달하며 이런 비생산적 지출이 현대의 거대한 신용 및 대부체계와 관련된다고 주장합니다. 따라서 생태학과 사회주의를 연결시키는 장본인은 자본주의이며 생태사회주의가 그 대안입니다.

둘째, 경제적 위기입니다.

생산력이 발전했다고 인류가 해방될 거라는 낙관적 희망은 무너졌습니다. 누구나 풍요로움과 만족을 주어야 한다는 경제성장의 본래 목적은 현실적으로 오히려 욕구를 키우고, 공리주의적 소비사회를 가져왔을 뿐입니다.

자본주의는 생산과 소비의 불균형이 최대의 욕구를 만들어 원료와 에너지를 최대한 유통시켜 최대 이윤을 냅니다. 오늘날 빈곤의 근원은 생산이 불충분하다는 데에 있지 않고, 생산된 재화를 정의롭게 배분하지 못하는 자본주의 생산 메카니즘과 대량소비에 있습니다.

자본주의의 발전을 잘 설명해주는 조절이론에 의하면, 모든 자본주의는 축적 레짐과 조절양식으로 구성되어 있습니다. 전자는 경제발전의 특정 전략이고, 후자는 경제정책과 계급관계의 특수한 세트로 특정한 축적전략을 잘 기능하도록 합니다. 노-사 간의 협정과 케인즈주의적 성장정책에 근거한 포드주의는 60년대 후반에 들어서서 위기 국면에 빠지는데, 생산방식의 기술적 경직성과 독점적 조절 양식의 국민 경제적 한계에서 비롯됩니다.

작업공정 간의 비례성 통제를 전제로 한 포드주의는 생산규모의 확대에 따라 기술적 경직성을 드러내고 노동과정에서 실행과 구상을 분리함으로써 노동자의 자율성을 박탈하여 노동자의 저항을 초래합니다.

국제시장에서 가격과 수요의 충격이 있을 때 경직성으로 잘 대응하지 못하게 되면서 과학기술 혁명과 포스트 포드주의라는 새로운 축적기제의 요소가 도입됩니다. 신 사회운동은 이러한 변화에 대한 새로운 발전모델을 정착하기 위한 집합적 노력으로 볼 수 있습니다.

셋째, 노-사 간의 타협에 의해 이룩된 복지국가 체제는 1970년대 중반부터 더는 정당성과 기능성이 유지되기 어려운 상태가 되었습니다.

형식적 민주주의는 집합적 정체성을 제공하지 못하고 정치적 공통의지를 창출하는 데 실패했습니다. 정당은 선거에서 다수 획득을 위한 조직으로 전락하는 과정에서 사회운동과의 내적 연계를 끊었고, 동기부여 적이고 행위정향적인 세계관이나 이데올로기도 제공하지 못했습니다.

의회, 선거, 노동조합 등 제도정치의 요소는 합리화된 행정국가에 개인이나 집단이 의존함으로써 특수주의, 이기주의 등 도구적 · 전략적 행위가 정치적 행위를 대체하였습니다.

노동조합은 보다 많은 이익 배당에만 압력을 가하는 제한적인 역할만을 수행하여 특정 분야의 특수 이익만을 방어하는 단체로 전락했습니다.

따라서 노동력의 구성이 변화하고 새로운 형태의 빈곤과 주변성의 문제가 출현하자 노동조합은 이러한 문제에 대해 적극대응할 수 없었습니다. 임시 고용된 청년, 노인, 조기 및 정년퇴임자, 여성, 지역의 쇠퇴로 인한 폐해 등은 제도정치의 의제에서 배제되었습니다.

복지국가 체제가 제공한 실제적인 이익에도 관료주의적 해결책 그 자체는 새로운 문제를 야기하고 자유를 침해하였습니다. 신 사회운동은 전체 국민의 생존이 소수의 관료에 의해 결정되는 관료주의체제의 논리에 대한 반발이자 참여를 통한 새로운 정치체제를 예비하는 실험이기도 합니다.

넷째, 문화적 위기입니다.

커뮤니케이션 수단의 확장으로 새로운 문화 형태가 출현하여 전통적인 문화 정체성이 이완되었습니다. 뉴미디어는 상호소통이 질과 내용, 방식에 혁신적인 변화를 초래한다는 진단과 더불어 포스트모더니즘이라는 문화논리가 광범위하게 확산되었습니다.

하버마스(Jurgen Habermas)는 문화를 의사소통의 합리화에 따른 계몽의 영역으로 파악합니다. 의사소통 행위가 규범적 입장에서 분리되어 우연성의 범위가 확장되어 이해하기 어렵고,

논증형태가 제도적으로 분화되어 이론적 담론, 도덕-실천적 담론, 미학적 비평이 분리됩니다. 이러한 현상은 후기자본주의의 문화적 궁핍화 현상을 의미합니다. 과학, 예술, 도덕 등은 문화적 합리화로 전문성과 자율성을 갖지만, 분화된 문화 영역은 일상적 실천에서 자연스럽게 계승되어 온 전통의 조류로부터 엘리트주의적으로 분리되는 현상입니다.

투렌은 문화모델을 역사성의 구성요소로 보는데, 문화모델은 사회자체에 대한 사회적 행위능력을 이해하고 해석하는 것입니다. 역사성이 강한 사회에서 창조성의 이해, 즉 문화모델은 실천적인 것이 되지만 역사성이 약한 사회에서는 추상적으로 이해됩니다.

문화모델은 이데올로기도 가치체계도 아니며 총체성으로서 사회유형을 함축합니다. 후기산업사회에서는 창조성을 총체적 생존조건을 기술적으로 전형시킬 수 있는 능력으로 이해하기 때문에 사회적 갈등은 문화적 장에서 전개됩니다.

이때 사회갈등은 전체적 변화를 집합적으로 재 전유하려는 세력과 기술적으로 운영하려는 세력 간의 대립입니다. 신 사회운동은 사회적 경험의 모든 측면을 설명할 수 있는 단일한 담론의 부재상황, 과학적 대서사의 신뢰성을 상실한 시대의 사회문화적 투쟁으로 출현합니다.

다. - 새로운 사회운동의 인식론적 기초

사회운동은 역사적 조건 하에서 사회의 운동, 사회전형의 주체입니다. 사회운동은 그 자체로 하나의 권력 작용이지만, 권력이나 폭력 추구가 목표는 아닙니다. 침묵하는 진리를 인간들의 집합적 실천에 의해 다면적으로 드러내고 창조하는 진리의 구성이어야 합니다. 사회운동은 사회가 스스로 부과하거나 부과된 문제를 해결하기 위해 투쟁하고, 토론하고, 합의하고, 실행하고, 반성하는 과정의 연쇄이며, 결코 고독한 개인을 주체로 설정하지 않습니다.

운명적으로 주어진 질서가 존재하지 않는 '현대적' 조건 하에서 개방적인 사회운동의 인식론적 기초를 정립해야 합니다. 우리에게 필요한 "미래의 형이상학"은 민중적 정체성과 민중의 반성적 진리구성 행위에 근거해서 합리성과 연대성, 규범성의 변증법적 통일을 실천적으로 구성하는 것입니다.

상식과 사회학적 이론 차원에서 발전론자들은 다음과 같은 전제를 가정합니다.

첫째, 변화의 필연성과 불가피성(운명론)을 가정하고 **둘째,** 변화의 단선성과 방향성을 전제(진보주의)로 합니다. **셋째,** 인간사회는 궁극적으로 완벽해지리라는 역사관(종말론과 유토피아주의)을 제시합니다. 물론 이와 같은 전제는 오늘날 사회이론에서는 설득력을 잃어가고 있습니다.

이러한 이론을 극복할 수 있는 모델로 운동정치학을 올바르게 이론화해야 합니다. 운동정치학의 총체성은 역사철학적 폐쇄성을 부정하고 이성적으로 대화하는 사람들이 참여하는 개방적 총체성을 주장합니다.

운동정치학은 사회와 사회운동에 대한 이미저리를 전체 사회의 합리화 실현과정을 검토함으로써 정치사회학적으로 재구성해야 합니다. 그러려면 투렌의 사회운동의 사회학과 하버마스의 현대성 이론을 비판 수용하여 종합해야 합니다. 전체사회의 합리화 실현의 역사적 과정은 다음 세 가지 차원에서 이해할 수 있기 때문입니다.

첫째, 문화적 행위체계의 제도화이며 **둘째,** 목적합리적인 행위정향의 제도화이며 **셋째,** 사회운동에 의한 사회변동의 차원으로 분리할 수 있습니다.

투렌은 사회는 단순한 재생산이나 적응이 아니라 창조, 곧 사회 자체를 만들어가는 것이므로 사회란 존재하는 것이 아니라 역사성을 통해 그 자체를 만들어간다고 주장하였습니다.

역사성은 사회의 문화적·사회적 실천에 기초하여 발휘되는 사회 행위를 말합니다. 사회는 노동이면서 의미인 역사적 행위를 수단으로 하여 사회적·문화적 정향들의 총체를 창조합니다. 사회는 교환체계도 아니며, 사회적 행위의 정향을 창출하는 대행자입니다. 즉, 스스로에 대한 작용과 기능을 통제하는 정향들에 의해 스스로 결정할 능력이 있습니다.

투렌은 역사성의 통제를 위해 투쟁하는 계급행위자나 계급을 역사적 행위자로 정의하고, 계급을 역사성과 관련해서 취하는 행위로 규정합니다. 상층 계급이 자신을 역사적 행위체계와 동일시할 때는 지도 계급, 자신의 특수이해와 동일시할 때는 지배 계급이 됩니다.

민중 계급은 상층 계급이 역사성을 사적으로 전유할 때 저항하면 방어 계급이 됩니다. 이러한 관계가 '사회 계급의 이중적 변증법'입니다. 결국 사회는 인간행위와 사회적 관계의 구성입니다.

사회는 스스로 생산하고(역사성의 장), 적응하고(제도적 체계), 소비(사회조직)합니다. 어떤 수준이든 문화적 및 사회적 관계를 무시하고는 올바로 정의될 수 없습니다. 사회체계가 규칙이나 규범에 따라 기능하는 조직에서 문화적 정향이 사회적 관계와 분리될 수 있습니다. 권위 관계가 생산의 경제적·사회적 체계와 독립적인 인간관계의 모델에서 조응해서 나타납니다.

그러나 투렌의 이론은 과거의 운동, 제도 형태, 전체 사회적 프로젝트에 대한 집합적 행위자들의 학습과정을 설명할 수 없고, 성찰성을 연속선상에서 이론화할 수 없다는 이론적 결점이 있습니다. 이를 보완할 수 있는 이론적 자원을 하버마스의 현대성 이론에서 발견할 수 있습니다.

하버마스는 '체제와 생활세계'의 패러다임으로 현대사회의 생성과 병리현상을 설명합니다. 그는 체계이론과 행위이론을 종합하여 규범적 사회진화이론과 비판적 사회과학의 규범적 기초를 정초하였습니다.

그는 사회진화를 체계통합과 사회통합의 관점에서 파악합니다.체계통합은 일상적인 실천의 지평에서 인지할 수 없는 행위의 의도치 않는 결과의 기능적 연관을 출발점으로 하여 이루어지는 사회구조화를 설명해주는 개념입니다.

사회통합은 행위자의 정향에서 출발하는 사회구조화의 측면을 설명하는데, 사람들이 일상적인 실천의 지평 위에서 규범, 가치, 문화적 지식 등의 행위 차원을 이용하여 의미적·상징적으로 사회관계를 형성해 나가는 과정을 말합니다.

사회문화적 발전단계에서 동물적 형태는 타당성 요청에 따라 재조직되므로 사회는 인간환경 이외의 물질적 자원인 외적자연(기술적 규칙에 따르는)과는 도구적 행위에 의해, 규범적인 내적 자연과는(타당성 규범에 따르는) 의사소통에 의해 유지됩니다. 이러한 재조직은 언어적 상호주관성 구조에서만 이루어집니다.

상호주관성의 구조는 태도와 소통 행위는 물론이고 경험과 도구적 행위도 구성합니다. 그러나 하버마스의 규범적 진화이론은 전통적인 진화이론과 근본적으로 상이하며, 오직 사실이 발생한 후에만 알 수 있으며, 이 과정을 자연법칙 적으로 번복할 수 없는 인과과정으로 이해해서는 안 될 것입니다.

하버마스는 현대성이론을 재구성하여 권력 및 화폐를 매개로 하는 생활세계를 분리하고, 생활세계와 체계를 각 차원에서 분화하는 수준에서 사회진화를 이해했습니다. 그러나 체계와 생활세계의 분리에서 병리현상이 나타나지 않습니다. 병리현상은 생활세계의 합리화로 체계가 생활세계에서 분리되었지만, 분리된 체계가 생활세계를 체계의 요구로 종속시켜 생활세계의 자원을 파괴하기 때문에 나타납니다. 하버마스는 이 현상을 '생활세계의 식민화' 체제로 정리하고 있습니다.

하버마스는 사회진화와 합리화를 일면적으로 평가하지 않고, 행위와 세계관계의 모든 차원에서 반성의 잠재력을 증대시키고자 했습니다. 이 과정에서 탈전통적이고 탈관습적인 관계가 사회적, 문화적, 정치적 삶의 차원에서 중요하게 부각되고 의사소통적 과정을 통한 조정이 중요해집니다.

전통사회와 현대사회는 생활세계의 상징적 재생산을 수행함에 있어 근본적인 차이가 있습니다. 현대사회는 일상적인 소통 실천에 이루어지는데, 이러한 논리를 신성의 언어화라고 부릅니다.

생활세계가 합리화되면서 문화적 전통에서 비판 가능한 세

가지 타당성 요구(진리, 정당성, 진실성)와 타당성 요구에 상응하는 형식적 세계개념(객관세계, 사회세계, 주관세계) 그리고 세 가지 기본태도(객관주의적, 규범동조, 표출적 태도)가 분화됩니다.

실천적 상호 양해가 일어나는 보편적 조건을 재구성하는 선험분석을 시도하는데, 상호주관성 개념 이외에 소통과정에 참여하는 사람들의 배경을 구성하는 생활세계 개념을 도입하여 합리성 문제를 사회이론의 비판적 시각에 연결시키면서 보편 실용학의 경험분석력을 주장하고자 했습니다.

그러나 무기력한 대화주의에 빠지지 않으려면 사회운동의 의미를 더욱 적극적으로 고려해야 합니다. 저는 투렌과 하버마스의 이론을 국가, 시장, 공동체(비판 시민사회)라는 세 가지 조정 매체를 중심으로 종합해야 한다고 주장하고 싶습니다. 신 사회 운동은 빈약하나마 자율성과 창조성에 기반 하여 공동체의 부활을 요구하기 때문입니다.

세 가지 조정매체는 상호의존적이며, 독자적인 자기 동력과 역사적 경험을 지닙니다. 이들 관계의 '조절원리' 는 계급관계를 통해 현실화되고 굴절되기도 합니다. 저는 조정매체의 조절원리를 통제하려는 사회 계급 간의 투쟁이 바로 사회운동이라고 파악합니다.

- 새로운 사회운동의 정치 · 사회학적 지평

전통적인 사회학의 관심사는 사회질서와 그 구성요소인 관습, 규칙, 제도 및 문화 등이었습니다. 사회운동 등의 집합행동은 기존 질서를 와해시키는 병리현상으로 취급하고, 사회학의 분과로서 집합행동 연구는 주로 원인 분석에 치중하였습니다. 저는 이러한 소박한 실증주의적 접근과는 근본적으로 다른 사회운동의 정치학을 논의하고자 합니다.

운동정치학에서는 사회운동을 예외적이고 극적인 사건으로 보지 않고, 사회적 삶의 핵심이라고 봅니다. 사회는 역사성의 사회적 통제를 위한 끊임없는 갈등인 계급투쟁이 지배하는 규범, 제도, 실천을 고안하여 스스로 자기 생산합니다. 사회운동은 질서를 거부하는 주변적 행위가 아니라, 자기생산을 위해 투쟁하는 핵심적 힘이며 역사성을 통제하려는 계급행위입니다.

투렌은 사회운동을 다양한 집합행동이나 투쟁과 엄격히 구분합니다. 가령 열광적 행위, 유행, 의견의 추세, 문화적 혁신 등은 사회적 갈등과 무관한 집합형태입니다.

사회적 갈등은 적대자나 경쟁자가 있고, 적대적 행위자들이 통제하기 위해 싸우거나 협상하는 자원이 무엇인지 분명히 정의되어야 한다고 주장합니다. 사회적 갈등으로 인한 다양한 집합행동은 투쟁이며, 투쟁은 사회적 장의 통제를 위해 적대자에게 대항하는 집합행위자들의 조직된 갈등 행위의 모든 형태를 말합니다.투렌은 사회적 갈등과 이에 따른 투쟁 형태를 다음과 같이 분류합니다.

구분	사회적 투쟁			역사적 투쟁
	조직	제도	역사성	역사적 변동
긍정적	①요구, 저항(경쟁적 집합 이익의 추구	③제도적, 정치적 압력 (게임규칙의 변화)	⑤사회운동 (역사성의 통제)	⑦ 민족적 갈등
부정적	②위기형태(사회적, 문화적 또는 정치적 정체성의 재구성	④장애에 대항하는 압력(신분이나 특권의 방어)	⑥혁명(새로운 질서의 창조)	⑧신공동체주의

투렌은 표에서 분류한 투쟁 중 ⑤만을 사회운동이라고 부릅니다. 사회운동은 행위자의 정체성, 적대자, 갈등의 장을 개념 규정하는 문화적 총체성을 구성요소로 하여 문화적 정향들의 통제를 둘러싼 계급갈등이기 때문입니다. 다른 투쟁이 중요하지 않다는 의미는 아닙니다. 사회운동 이외의 투쟁도 어떤 특정 시기에는 결정적인 역할을 할 수 있습니다. 그러나 그 역할은 환경적 제약, 다른 투쟁과의 관계에서 제약을 받습니다.

사회운동은 보다 도구적 운동으로, 보다 통합적이고 공동체적인 운동으로, 그리고 역사적 운동인 민족운동으로 변형되기도 합니다. 사회운동의 영향이 파괴되는 세 가지 테두리는 경제적 합리성, 전체주의 체제의 논리, 경제발전의 필수적 매개자인 국가입니다. 따라서 이론적 차원에서 운동정치학의 위상을 정립하는 일이 필요합니다. 주요한 사회이론은 행위자와 체계에 따르는 구분이고, 다른 하나는 사회통합과 사회갈등의 구분에 의한 것으로 어느 쪽을 강조하느냐에 따라 구별합니다. 이를 교차시키면 다음과 같은 표로 정리됩니다.

구분	체계	행위자
통합	ⓐ 사회체계(기능주의)	ⓒ 전략(신합리주의)
갈등	ⓑ 불평등(정통, 구조주의적 맑시즘)	ⓓ 사회운동(운동정치학)

ⓐ는 체계의 통일성에 우선을 두는 학파입니다. 논리적 차원에서 목적론적이며 동어반복적이고, 사회 분석적 차원에서 물역사적이고 보수적입니다. 사회변동에 대한 설명이 미비하며, 생물학적인 개념의 죽음에 상응하는 개념이 없는 한 은폐된 규범성을 지닙니다.

ⓑ는 정통구조 주의적 맑시즘으로 불평등이 핵심적 분석 범주로 다양한 입장과 역사적 변천을 고려하더라도 몇 가지 한계가 있습니다.

첫째, 폐쇄적인 총체성에 입각해 있습니다. 역사적 사고방식에 결코 틀리지 않는 인식을 요구하는 철학적 전통을 결합시키려는 헤겔식 이론전략의 제도에 갇혀 있습니다. 그로 인해 이상적 미래사회의 대안이 정확히 일치하지 않더라도 하나의 상태나 이상이 이미 주어집니다. 열려 있는 역사적 과정이 배제되어 행위와 구조 간의 변증법적 관계를 적극 고려할 수 없고 참여자의 규범적 세계와 행위 정향을 무시하게 됩니다. 또한, 우연성의 한계를 은폐하여 행위 결과에 대한 책임이나 위험을 경시하여 문제성 있는 전위주의를 조장합니다. 아울러 진리 체계나 기준에 대해 반성하지 않는 실천을 낳아 인간을 파괴합니다.

둘째, 국가권력의 장악과 국가의 계급적 성격 문제를 최우선시하고 여타의 문제는 그 이후에 해결할 과제로 설정합니다. 국가권력의 장악을 통해 다른 문제는 해결가능하고 또 해결해야하기 때문입니다.

셋째, 정치제도와 민주주의의 문제는 어차피 혁명 이후에 해결될 것이며, 해결 전에는 확고한 냉소주의로 제도에 대항해 왔다고 할 수 있습니다. 그래서 오랫동안 정치이론을 방치해 왔고, 제도 정치와 비제도 정치의 변증법을 무시했습니다.

넷째, 고전적인 노동의 범주로써 사회를 분석하기에는 현대사회는 너무 복잡합니다. 하나의 핵심적 사회갈등으로 사회현상을 분석하기가 어려워졌습니다.

다섯째, 계급 문제와 관련해서 지적할 수 있습니다. 중간계급은 노동계급과 자본계급으로 흡수되어 해체되거나 약화되지 않고 오히려 늘어났습니다. 경제적으로는 노동계급처럼 임금의존적 열망, 삶의 형태, 결합양상을 보여줍니다. 또한, 노동계급 내부의 분열과 모순이라는 문제점도 표출되고 있습니다. 다른 문제는, 사회경제적 상황과 정치적으로 연관된 계급행위자의 전략적 선택에 관한 것입니다. 맑시즘은 모든 참여자가 분명하게 인식 가능한 합리적 선택과 대응이 내재한다고 가정하고 있으나, 모순관계에 놓인 참여자는 현실적으로 네 가지 선택을 할 수 있습니다. 개인적으로 도망가거나, 잘 적응하여 사회적으로 상승하거나, 집합행위를 통해 서서히 개혁하거나, 혁명을 하는 것입니다. 그래서 혁명적 합리성이 결과적으로 우월하다고 선험적으로 가정할 이유가 없습니다.

현대 이론가들은 구조주의와 기능주의적 이론을 극복하려고 오랫동안 노력해 왔습니다. 보다 최근의 이론적 대결은ⓒ와 ⓓ 사이에서 이루어집니다.

ⓒ는 실용론적 전략적 사회행위이론입니다. 이성과 일반 원리가 아니라 동요하는 환경에서 효율성 있는 전략을 증진시키는 능력을 말합니다. 행위자와 갈등에 대해 매우 실용적인 견해로 어떠한 중심 준거도 거부하는 이론입니다. 행위자는 사회체계 속에 존재하지 않으며 다양한 변화의 흐름 속에서만 정의됩니다.

저는 이 유형에서 가장 세련된 이론은 자원동원론과 합리적 선택이론(분석적 맑시즘)이라고 판단합니다. 자원동원론은 자원을 동원할 수 있는 운동집단의 능력에 주로 관심을 둡니다. 사회운동과 제도화된 행위, 운동참여자의 합리성, 운동이 직면한 전략적 문제를 강조합니다. 자원동원론은 다음 세 가지 입장으로 다시 분류할 수 있습니다. 올슨(Mancur Olson)의 이론에 따라 순수한 합리적 행위를 취하는 접근법, 한계효용학파의 경제학과 조직이론에 기초해서 분석하는 조직적 기업적 접근법, 정치적 갈등 모델입니다. 그러나 모두 신 공리주의적 관점을 취함으로써 핵심개념은 조직과 공리주의적 합리성이며, 중심 논리는 전략적 상호작용과 비용 및 이득 계산입니다.

자원 동원론의 핵심 딜레마는 올슨이 제기한 무임승차자의 문제입니다. 올슨은 집합행동에 동원된 사람들은 조직되지 않은 개인이라고 했으나, 이들은 이미 연대적 집단으로 조직되었다고 가정하는 우를 범했습니다.

자원 동원론처럼 전략적-도구적 행위를 집중적으로 분석하는 공리주의 모델은 다음과 같은 문제를 근본적으로 해결할 수 없습니다. 이익을 추구하는 합리적 개인들이 왜 집단에 관여하고 연대감이 생기는지 설명할 수 없으며, 적대자와 갈등소의 관계를 적절히 평가할 수 없으며, 높은 성찰성을 야기시킨 구조적 문화적 발전을 분석할 수 없습니다.

합리적 선택이론은 70년대 후반 아카데미 맑시즘으로 출현하여 게임이론이나 인과모델 등 분명한 모델을 사용하고 개인의 내면적 행위로 합리적 선택을 중요시합니다. 정치적으로는 급진적 민주주의자에서 좌익 민주주의자에 걸쳐 다양한 입장이 있으나, 보다 최근의 흐름은 시장사회주의를 대안으로 수용하는 것 같습니다.

로이머의 착취이론, 쉐보르스키의 사회민주주의 분석, 민주주의로의 이행론, 엘스터의 방법론과 정치이론, 라이트의 계급론 등 다양한 논의의 이론적 기여를 높이 평가하지만 몇 가지 점에서 비판할 수 있습니다.

첫째, 부르조아 사회이론의 전제를 수용하여 야기되는 문제입니다. 사회는 다양한 종류의 자원을 부여받은 개인으로 이루어졌으며, 다양한 행동방법을 선택한다는 자유주의적 전제를 도입하여 맑시즘의 고전적 의제를 다룹니다. 사회 패턴과 개인 간의 이분법이 전복되어 결정론과 자원론 간의 대립에서 주체의 복귀를 제시합니다. 그러나 행위자 개인은 고통을 피하고 쾌락을 추구하는 이기적 개인이며 공리주의적 개인입니다. 이러한 개인은 사회 해방을 기획하는 집합적 실천의 주체와는 다소 거리가 있습니다.

둘째, 분석적 맑시즘의 행위이론은 소통적 합리성의 문제를 배제하고 있습니다.

셋째, 사회관계를 전략적으로 파악하므로 문화적 정향이나 지배 문제가 배제됩니다.

넷째, 분석적 맑시스트들은 맑스의 풍부한 인간해방의 정신과 규범적이고 실천적 주장을 건조한 해부로 대체하였습니다.

역사적으로 중대한 사건이나 질적 전환을 설명하기 어려워, 게임이론이나 합리적 선택이론으로는 부르조아 혁명과 사회주의 혁명 간의 질적 차이를 구분할 수 없습니다.

다섯째, 게임의 룰을 바꾸는 게임은 분석대상에서 배제됩니다. 일단 구조와 기호가 형성된 후 전략적인 상호작용이 발생한다고 가정하므로 구조와 기호 형성은 게임의 일부로 다루어질 수 없습니다.

ⓓ는 행위자와 갈등을 동시에 강조합니다. 이 유형은 두 가지로 분류할 수 있습니다. 하나는 서로 다른 민족적, 지역적 문명권이 지닌 특수성을 열정적으로 방어합니다. 다른 하나는 새로운 합리성의 구도로 비판적 시민사회를 활성화하려는 시도와 관련됩니다. 즉, 국가와 시민사회의 분리를 지양하면서 제도정치와 운동정치의 변증법을 추구합니다.

운동정치학은 어떠한 사회체계도 완전히 폐쇄되어 있지 않으며, 언제나 상당한 정도의 불확실성, 협상가능성, 갈등의 잠재력, 변형가능성을 지닌다는 사실에 주목해야 합니다. 또 사회적 행위자는 외적 환경에만 정향되어 있지 않고 변화의 주체이기도 합니다. 특정유형이 사회생활, 생산, 문화에 속하며 권력이나 지배관계에서 분리할 수 없습니다.

- 새로운 사회운동의 특성과 사회운동의 선택성

새로운 사회운동의 특성과 양태에 대한 명확한 이론적, 실천적 기초는 엄밀히 말해 아직 정초되지 않았습니다. 복합적인 사회적, 문화적, 행동들의 다양한 구성요소를 정돈하고 새로운 사회운동이 산업사회에서 노동운동과 같은 사회운동으로 정착되기는 어렵습니다.

현재의 새로운 사회 운동은 그 자체 완성된 형태가 아닙니다. 현대성에 대한 근본적 반성에서 출발한 이 운동의 생산적 문제제기가 보다 광범위한 문화적 모델을 통제하려는 '계급투쟁'으로 전환될 가능성에 적극적으로 의미를 부여하고 싶습니다. 즉, 새로운 사회운동은 근본적인 반성과 책임을 내면화한 최초의 운동이며, 형이상학이 사라진 시대에 이 운동이야말로 해방적 사회를 향한 서막임을 주장하고 싶습니다. 그렇다면 새로운 사회운동이 제기하는 생산적 메시지를 비판적으로 재구성함으로써 전통적인 사회운동 논리가 새로운 정치이론으로 전형되도록 숙고해보고자 합니다.

첫째, 메타사회적 보증이 사라진 시대, 신정치의 지향은 국가와 시민사회 분화 이전의 공동체도 아니고, 미래사회의 전망을 포기하고 차이와 다원성 그 자체에 굴복하는 것이 아닙니다. 신정치는 소통적 이성에 근거하여 집합적 정체성을 구성하고 공동체의 새로운 영역을 창조하는 것입니다.

둘째, 신정치는 투쟁의 논리에서 시작하는 것이 아니라 창조의 논리에서 시작합니다.

셋째, 생태론적 관점입니다. 신정치는 공해와 자원고갈뿐 아니라 인간과 자연 간의 관계에 대한 총체적 재인식으로 관심의 폭을 넓히고 있습니다. 자연의 지배자로 군림하던 인간은 이제 자연과 동반자라는 개념으로 대체됩니다. 생태학적 균형에 대한 진지한 관심은 다양성, 자기조절, 공생, 분산, 자율의 원칙 등을 사회에 적용시키려고 합니다.

넷째, 신정치는 문화적 주체성과 문화체계의 변혁을 기획합니다. 진보, 팽창, 속도, 성장, 지배, 억압, 소유 등의 산업사회의 구성원리를 재편성하여 인간본성에 적합하게 재정립하려고 합니다. 작은 것과 느린 것에 그 나름의 가치를 부여하여 자율적으로 존재를 영위하도록 공생의 원리를 정립하여 그 대안을 적극적으로 실천하고자 합니다.

다섯째, 신정치는 협애한 의미의 계급정치에 도전하며, 참여민주주의적 발상을 보여줍니다. 풀뿌리 민주주의, 기업의 자주관리, 성차별의 극복, 소수자와 주변인들의 인권보장과 같은 포괄적인 원리가 제시됩니다.

여섯째, 시간과 공간적 의미를 모두 포괄하는 일상의 정치화입니다. 올바른 삶을 위한 투쟁을 시작하는 데 적절한 시점이

따로 존재하는 것이 아니라 바로 당장 시작해야만 한다는 점을 강조합니다. '공동체를 향한 길이 없다면 공동체가 곧 길이다'는 신사회운동에서 즐겨 쓰는 표현은 기회가 있을 때는 언제나 어디에서나 공동체의 건설을 위해 노력해야 한다는 전략을 단적으로 시사하는 말입니다.

일곱째, 사회와 개인의 동시적 변혁을 추구합니다. 사회구조의 해체만으로는 해방된 진정한 인간 출현을 기대할 수 없습니다. 신 사회운동은 왜곡된 자아구조를 개인적, 집단적 수준에서 탈피하여 체제가 강요한 감옥에서 해방되어 진정한 자신의 본성을 찾으려고 합니다.

여덟째, 이익보다는 사회적 정의를 강조합니다. 경제적 보상만으로는 일반인의 주변화와 소외를 충분히 해결할 수 없습니다. 재화와 서비스의 충족뿐 아니라 창조성, 자유, 권위에 대한 충족, 지식, 결정권, 만족스러운 직업의 획득 등도 중요하며, 가장 필요로 하는 곳에 발전의 우선순위를 줘야 합니다.

이상에서 새로운 사회운동이 함축한 생산적인 메시지를 재구성해 보았습니다. 신사회운동은 문화적 현대성의 실현이라는 관점에서 내부 논쟁과 투쟁을 전개해야 한다고 봅니다. 그러려면 다음의 세 가지를 극복해야 합니다.

첫째, 분화 이전의 공동체사회로 복귀를 꿈꾸는 낭만주의적 경향입니다. 현대성의 긍정적 성격을 무시하는 시대착오적 발상으로 문화가 아니라 민속을 추구하며, 역사적으로 볼 때 파시즘과 선택적 친화성이 있기 때문입니다.

둘째, 지나치게 가치정향적 운동에 경도되어 사회적 문제를 개인화하려는 경향입니다. 연대나 해방이 사회역사적 조건에 의존한다는 사실을 무시하고 실존적 조건에 함몰할 우려가 있으며 권력이나 지배의 문제가 배제되고 파편화된 특수주의에 빠지기 쉽습니다.

셋째, 스스로 붕괴해가는 현대성에서 이성적 요소와 미래에 대한 전망을 박탈하려는 포스트모더니즘적 경향입니다. 특히 포스트맑시즘은 급진적 다원성 그 자체를 보편적 매개 없이 찬양하고 있습니다.

고도의 정보화 사회에서 해방의 기획은 민중의 상상력과 창조성에 따라 자기반성적인 집합적 실천을 통해 합리성과 연대성, 규범성을 보편적으로 매개해야 합니다. 새로운 사회운동은 지구가 자전과 공전을 진행하듯 실천의 이중적 구조를 보입니다. 신사회운동은 창조적 자기실현이면서 동시에 해방된 사회를 향한 집합적 실천이기도 합니다. 그러나 사회운동의 선택성 관계와 위기, 문화적 정향, 행위유형, 운동의 경험적 양태 등을 보다 치밀하게 진단할 때 보다 분명해질 것입니다.

2. 신자유주의의 극복을 위한 정치의 복원

우리나라 헌법 1조는 '대한민국은 민주 공화국이다' 라고 규정하고 있습니다. 주지하다시피 민주정은 고대 아테네의 도시 국가 정치 체제에서, 공화국(정)은 평민과 귀족 세력의 힘의 균형을 바탕으로 하는 로마 정치체제에서 유래합니다. 민주는 권력의 주체를 규정하는 개념이며 공화국은 권력의 내용과 목적을 가리키는 용어입니다.

민주주의는 인민(대중)이 통치하고 지배하는 방식으로 소수가 아니라 다수가 권력의 주체가 되어 그들이 속한 공동체를 보편적인 평등 원리에 입각해 통치하는 것입니다. 반면 공화국은 민주주의와는 다른 정치적 범주로 민주주의가 모두에 의한 나라라면 공화국은 모두를 위한 나라라고 정의할 수 있습니다.

따라서 공화국은 의사결정의 형식이 아니라 그 내용이 모두를 위한 것일 때 사용할 수 있는 용어라 할 수 있습니다. 이런 의미에서 공화국은 국가가 공공적 기구라는 것을 의미합니다. 공화국은 개인이 사적인 영역을 확보하고 자유를 추구하는 것을 비판하고 공동체의 구성원이 공동의 이익을 실현하기 위해 공동의 참여를 행하는 것을 강조합니다. 정치 공동체는 올바른 목적을 지향해야 한다는 규범적 의미를 내포하고 있습니다.

그러나 우리에게 민주 공화국의 이상은 고갈되어 버린 듯합니다. 전 세계적인 신자유주의의 확산은 공공성을 파괴하고 민주주의 자체를 위협하고 있습니다. 신자유주의를 내부 동력으로 하는 경제적 측면의 세계화는 다수의 국가에서 규제 철폐, 감세, 예산 축소, 민영화를 추진하고 있습니다. 아울러 전 세계적으로 노동의 유연화와 기업의 이해관계를 옹호하기 위한 무제한적인 시장 만능주의가 만연하고 있습니다.

한국은 해방 후 분단되고 전쟁을 치르면서 격변을 거쳤습니다. 60~70년대는 한국 사회의 근대화를 위해 산업화가 필요했습니다. 이때 쿠데타로 집권한 박정희 정권이 산업화를 주도하면서 모든 권력과 사회적 자원을 국가로 집중하였습니다. 정치적으로는 권위주의와 결부되어 관치경제로 인한 정경유착이나 비리, 부정이 만연했습니다. 박정희 정권에서 경제발전은 모든 사회적 가치나 목표보다 최우선 가치로 작동하며 국가와 재벌 동맹이 필요했습니다.

이와 함께 노동자와 농민의 배제와 왜곡이 일어났습니다. 박정희 패러다임이 만들어 놓은 틀 위에서 정치체제만 민주화되었지 내용은 그대로 유지되었습니다. 정치적 폭압체제는 12·12 쿠데타로 집권한 전두환 정권에서도 계속 이어졌습니다. 그러나 경제 발전과 중산층의 성장은 정치체제의 민주화를 요구하였고 6 · 10 항쟁은 선거를 통한 정권 창출이라는 성과를 이루었습니다.

한국에서도 1997년 IMF가 구제 금융을 제공하면서 지원 조건으로 신자유주의적 개혁을 요구한 이후 여러 정권에서 사회의 신자유주의적 재편이 급속히 추진되었습니다. 그 결과 시장의 절대화와 함께 약자의 배제를 통해 사회 구성원은 생존을 위한 극단적인 경쟁이 지배하는 시장에 내몰리게 되었습니다.

신자유주의 체제하의 규제받지 않는 시장 만능주의는 노무현 대통령의 '권력은 시장으로 넘어간 것 같다'는 고백에서도 잘 드러납니다. 참여 정부를 거치면서 현실정치에서 동기의 순수성이나 지도자의 진정성, 그리고 민주주의에 대한 강한 신념, 국민 삶의 질에 대한 진지한 성찰이 항상 그 결과로 올바르게 반영되는 것은 아니라는 점입니다.

국민적 지지와 시대 비전을 통해 집권하는 권력 행사는 동기는 물론 결과까지 올바르게 감지할 수 있는 철저한 준비와 대안을 가지고 올바로 행사해야 합니다. 민주정부를 한다고 해서 박정희 패러다임이 폐기된 것은 아닙니다.

이명박, 박근혜 정권은 민주화가 불가역적이지 않으며 언제든 성과를 되돌려 놓을 수 있다는 사실을 보여주었습니다. 이명박 정부는 지난 10년간 진보 정부 기간을 '잃어버린 10년' 으로 규정하고 기업 친화적이라는 일방적인 신자유주의 정책으로 일관했습니다. 시장 만능주의와 신자유주의 기치 아래 소통과 정치적 합의는 실종되고 최소한의 정치적 명분과 규범도 무시하고 일방적으로 밀어붙여 민주주의, 민생경제, 남북 평화에 대한 커다란 우려를 낳았습니다. 민주화 운동 세력의 희생으로 진전된 민주주의를 역행할 수 없다는 생각은 너무나 소박한 단견이었습니다.

이명박 정권은 이러한 신자유주의 정책의 극단적 추구와 정치의 무시, 쇠퇴를 가속화하였습니다. 출자총액제를 풀고 법인세를 인하했으며 수출 대기업 위주의 고환율, 저금리 정책을 추진했습니다. 기업체 세무조사를 축소하고 금산 분리를 완화했으며 연구개발과 에너지 산업에 수십조 원의 직접 자금을 지원했습니다. 또 전체 국민의 70%가 반대하는 4대강 개발에 막대한 재원을 투자하였습니다. 이는 정치권, 개발공사, 토건업체 사이의 유착 관계가 형성되어 지대와 관련한 막대한 이득을 얻는 전형적인 토건 국가 모델입니다. 그러나 신자유주의 세력이 주장하는 이른바 투자 확대, 일자리 창출, 경제 성장이라는 대기업 위주의 적하 효과는 일어나지 않았고 서민 생활은 더욱 어려워졌습니다.

국가를 공공의 기구나 도구가 아니고 사사로운 이익을 도모하기 위해 소수 권력 집단이 점유한다면 오히려 수탈과 억압의 도구로 전락하고 맙니다. 이들은 국가 기관을 사유화하여 권력자와의 연고, 정실에 따른 낙하산 인사를 밀어붙이고 반대자들을 감시하고 탄압하였습니다. 권력 집단과 유착한 기업은 정부로부터 온갖 특혜를 받으며 초법적 지위를 누렸습니다.

박근혜는 그동안 최소한의 민주화 성과마저 시대에 역행하는 조치로 무력화시켰습니다. 아버지 시대의 향수를 회복시키고 유신시대의 인물들을 권력의 핵심부로 복귀시켰습니다. 블랙리스트를 만들어 반대자를 배제하고 국정교과서를 시도하고 친박이 아니면 배신자로 몰아붙이며 불통으로 일관해왔습니다. 박근혜-최순실 게이트에서 보듯 정부가 경제는 물론이고 문화, 체육, 대학 교육 영역에 관여했습니다.

우리 정치사에는 몇 차례의 큰 변곡점이 있었습니다. 한국 전쟁 이후 4.19 혁명, 1980년 광주민주 항쟁, 1987년 6월 민주항쟁, 2016~17년 촛불 집회입니다. 어떤 체제나 정권도 3%의 인원이 지속적으로 행동하면 무너진다고 합니다. 매주 100~150만 명의 깨어있는 시민이 광장으로 나왔고 연인원 1,650만 명의 인원이 참여한 촛불 집회는 이를 실증하고 있습니다. 국회에서 보수정당 일부까지 가세한 탄핵 소추안 가결이 있었고 헌법 재판소에서 탄핵이 인용되었습니다. 쉐보르스키는 민주주의를 "시민이 본인들이 뽑은 통치자를 해고할 수 있는 체제"라고 했습니다. 촛불 집회는 이를 완벽하게 입증한 사건입니다.

독일의 법학자이자 정치학자인 칼 슈미트는 '정치적인 것'의 기준으로 도덕적 선·악이나 미·추의 개념을 포함하지 않는 고유하며 궁극적인 '적과 동지'의 구별을 내세웁니다. 슈미트는 적과 동지의 구분이라는 갈등과 적대야말로 인간 삶의 항구적 조건이라고 보았습니다. 정치는 물론 경제, 윤리를 포함한 모든 영역에서 필연적으로 적대의 관계가 창출된다는 것이 슈미트의 핵심 주장입니다. 국가는 조직된 정치적 통일체입니다. 전체로서는 그 자신에 대해 적과 동지를 구별한다는 '정치적' 사실과 관련된다고 합니다. 모든 정치적인 개념들은 구체적인 국내외의 정치적인 대립에서 나오며, 이런 대립이 없다면 그것은 기만적이고 무의미한 추상입니다. 구체적인 상황, 구체적인 대립 관계를 취한다는 점에서 모든 정치적인 개념은 논쟁적인 개념이라는 것입니다.

정치적인 것은 적과 동지의 구별에 기반을 둔 집단적 상호행위로 정의됩니다. 따라서 적과 동지를 구별할 수 있는 기준을 공유하는 사람들은 이미 정체성을 공유하고 있다고 할 수 있습니다. 적과 동지라는 그 형태를 보수와 진보로 크게 나누면 보수는 현재의 평균을 유지하려는 것이고 진보는 새로운 평균을 만들려는 것입니다.

인하대학교 서규환 교수는 정치 개념의 정초를 새롭게 해야 한다[8]고 주장합니다. 자민족주의적 정서에 근거하여 타인을 억압하고 배척하는 반문화정치, 제도권 내의 권력 투쟁만을 협소하게 정의하는 경우, 정치를 경제 법칙의 집행하는 행정처리 정도로 여기는 마르크스레닌주의, 정치의 본질을 슈미트처럼 폭력으로 보는 것, 언어 세계에서 정치의 작동을 설명하는 기호론적 입장 등은 공통적인 한계가 있다고 합니다. 인간들 사이의 상호 관계를 타인의 고통과 공감하는 인간의 조건을 일차적으로 설정하지 않은 것이라고 합니다. 정치는 인간이 서로 대화하며 인간의 조건을 스스로 결정해가는 실천으로 이해한다고 합니다. 정치는 동료마저 억압하고 자신의 사욕과 권력욕을 만족시키는 술책이 아니라 타인의 고통에 공감하여 극복하려는 사랑의 실천을 말합니다.

---

8) 서규환, 「차기 대통령의 리더십 조건」 중에서 개헌논의와 관련한 국가모델의 재구성에 대한 시론, 국가, 지방 거버넌스 연구원초청 발표문, 2016년 12월 15일

우리 사회의 정치 무력화와 퇴행이 초래하는 위기는 정치로의 귀환을 통해 경제에 대한 정치의 통제력을 다시 확보함으로써 풀 수 있습니다. 시장 만능주의와 성장 우선주의가 지배하는 사회라면 민주공화국 이상의 고갈에 대항하는 정치의 중요성을 더욱 키워야 합니다.

이제 신자유주의의 병폐로 분열되고 피폐해진 국민 생활을 위해서는 일자리, 건강, 노후, 교육, 주거에 대한 전반적인 재검토가 필요한 시점입니다. 이를 단순히 국가의 시혜로 복지를 추진하는 것이 아니라 심각한 사회 위기를 해소하기 위한 정책으로 필요합니다.

그러나 보수 세력들은 복지 확대 정책을 포퓰리즘과 동일시하고 있습니다. 단지 대중의 인기에 영합하는 나쁜 정치라는 비난입니다. 김대중 정부와 노무현 정부 시기의 한국 사회의 주요 쟁점으로 주목받았던 재벌 개혁, 행정 개혁, 국가보안법 개정, 종합부동산세 추징, 사립학교법 개정 등에 대해 모두 포퓰리즘에 기반을 둔 정책이라고 비판합니다. 최근의 무상 급식, 무상 보육, 반값 등록금도 그 대상이 되었습니다. 한국의 복지는 경제협력개발기구(OECD) 30여 나라 가운데 최하위 수준입니다. 사회복지는 형편없는 수준입니다. 비정규직 노동자 비중은 가장 높습니다. 양극화는 갈수록 심해지고 있습니다.

독일의 철학자 헤겔은 역사는 반복된다고 했습니다. 한 번은 비극으로, 또 한 번은 희극으로 반복됩니다. 박정희 정권이 무너진 것이 비극이라면, 박근혜 대통령의 몰락은 수많은 국가기제와 공식 라인을 무시하고 최순실이라는 사인과 권력을 공유한 희극적 결말이라 하겠습니다.

촛불 시위를 계기로 박정희 패러다임이 타격을 입은 것은 사실이나 완전히 해체되거나 소멸하지는 않았습니다. 우리는 이 패러다임에 익숙하고 모든 사회 시스템이 이것의 결과물이기 때문에 다시 그대로 복원될 가능성도 있습니다.

이번 사건을 통해 국민의 태도가 변화했습니다. 그 어느 때보다 정치에 대한 관심이 높고, 정치를 통해 세상을 바꿀 수 있다는 기대감이 충만합니다. 문재인 정부에 대한 높은 지지와 기대는 이를 반영한다고 할 수 있습니다. 그러나 민주주의 자체가 좋은 결과를 보장하는 것은 아닙니다. 민주주의가 유능한 체제임을 국민은 입증하기를 바랍니다. 적폐청산은 시원하지만, 곧 국민은 다른 것을 기대할 것입니다.

거대한 전환이자 승리의 시기에 미래 사회의 대안을 만들고 실천해야 할 과업이 정치에 부과되었습니다. 현대 민주주의는 정당 민주주의이기 때문에 이를 실현할 핵심은 정당이며 정당은 제도의 틀 안에서 만족할 만한 성과물을 만들어야 합니다.

3. 마키아벨리와 정치

마키아벨리(즘) 하면 우리는 곧 목적을 위해 어떤 수단도 정당화될 수 있다는 사악하고 교활한 권모술수의 정치나 정치인을 떠올립니다. 특히 우리에게 정치는 흔히 당리당략, 파벌, 위선, 포퓰리즘, 정경유착 등의 또 다른 이름일 뿐입니다. 우리 사회는 이러한 정치 불신으로 인해 냉소적 태도가 팽배하고 네거티브 성향이 강해 지지보다는 반감 표현에 훨씬 익숙합니다. 유독 정치 분야에 대해서는 합리적인 이익 계산보다 감성 의존이 높습니다. 또 정치적 위선을 필요 이상으로 혐오합니다. 보수파가 하면 괜찮을 일도 개혁파나 진보파가 하면 펄펄 뜁니다.

이러한 정치에 대한 왜곡된 국민 정서와 뿌리 깊은 불신은 국민 통합과 사회 변혁을 꾀하는 정치의 가능성과 규범성을 해칠 우려가 높습니다. 이런 측면에서 오늘날 우리가 알고 있는 마키아벨리의 '정치와 정치인'에 대한 인식이 자신의 의도도 과연 그러한지 아니면 어떻게 왜곡되는지 살펴보는 것은 의미가 있다고 할 수 있습니다. 이를 통해 그에 대한 올바른 인식은 물론 극단적 정치 불신의 개념인 왜곡된 형태의 마키아벨리즘을 극복하고 공공의 도구로서 국가, 현실을 변화시킬 수 있는 '정치의 자율성'에 대해 함께 살펴보도록 하겠습니다.

500년 전 마키아벨리는 피렌체와 이탈리아 통일에 대해 우리와 비슷한 열망을 품고 살았습니다. 그가 살았던 시기는 중세를 넘어 근대의 문을 연 르네상스 시대였습니다. 당시 이탈리아 전체는 그의 조국 피렌체를 포함하여 교황령 국가, 나폴리, 밀라노, 베네치아 등 5개의 도시 국가로 분열되어 스페인, 독일, 프랑스 등의 침입에 시달리는 비참한 상황이었습니다. 그는 강력한 지도자가 출현하여 이탈리아 국민의 자유와 재산을 보장하고 번영을 이룩해주기를 열망했습니다. 그는 현실 정치에 참여하고 「군주론」과 「로마사 논고」 등의 불후의 명작을 남겼지만 자기 뜻을 이루지 못하고 불운한 최후를 맞았습니다.

마키아벨리즘은 대략 3가지 의미로 나누어 이해할 수 있습니다. **첫째,** 국가 이익을 위해서는 수단의 도덕적 선·악에 관계없이 정치적 행위의 효율성과 유용성만을 고려해야 한다는 정치적 사상을 지칭합니다. **둘째,** 공공의 이익이 아닌 자신이나 파당의 이익만을 위해 수단·방법을 가리지 않는 정치적 행위와 관행을 가리킵니다. **셋째,** 정치적 범주를 넘어 넓은 의미의 일상생활에서 자신의 이익을 위해 거리낌 없이 남을 희생시키는 처세 방식을 말합니다. 우리는 흔히 마키아벨리즘으로 세 번째 경우를 떠올리지만, 그의 생각에 가장 충실한 해석은 첫 번

째의 경우라 할 수 있습니다. 다시 말해 마키아벨리는 언제나 국가 이익의 추구라는 목적과 정치라는 영역 내에서만 정치적 효율성과 유용성을 추구하였습니다.

정치적 영역에서 그가 도덕적인 덕보다는 권력의 기술 문제에 골몰했다고 해서 정치와 도덕의 문제에 무관심한 것은 아니었습니다. 그는 사적인 영역에서 남을 잘 믿고 약속을 잘 지키는 것이 유덕한 행위이지만 공적 영역에서도 반드시 그렇지 않다고 주장합니다. 왜냐하면, 현실 세계는 인간의 이기심과 재화의 희소성으로 폭력과 기만이 난무하고, 한 개인의 사활이 아니라 공동체 전체의 사활이 걸린 정치 영역에서 유덕한 행위는 치명적인 결과를 가져올 수 있기 때문입니다. 반면에 사적 영역에서 남을 속이거나 잔인한 행위는 유덕한 행위가 아니지만, 공적 영역에서는 전체 공동체에 유익한 결과를 가져올 수 있기 때문에 유덕한 행위가 될 수 있습니다.

이 점은 막스 베버가 구분한 '확신의 윤리' 와 '책임의 윤리' 중 '책임의 윤리' 로 해석할 수 있습니다. '확신의 윤리' 는 동기가 선한 행위는 그 결과에 상관없이 선하다고 전제합니다. 따라서 나쁜 결과가 나오면 그것은 행위자의 책임이 아니라 불합리한 세상의 책임입니다. 반면 '책임의 윤리' 는 인간의 평균적인 악을 전제하고 이를 고려하여 행동하므로 동기의 선함보다는 결과의 선함이 더 중요하고 주장합니다. 마키아벨리는 항상 사적인 윤리에 반하는 행동이 적합하다고 주장한 것이 아니라 사적인 윤리 규범이 적용되지 않는 정치적 상황의 특수성과 한계를 강조합니다. 그에게 정치 상황이란, 선과 악 중에서 하나를 분명하게 선택할 수 있는 것이 아닙니다. 오히려 '악(evil)'과 '차악(less evil)'을 선택할 것을 요구하는 속성을 지적한다는 점에서 매우 현실주의적 면모를 보여주고 있습니다.

국가 이익을 위해서 정치 영역에서 윤리적 가치를 초월할 수 있다는 점에서 정치적 행위의 자율(성)은 그에게 매우 중요한 핵심 개념입니다. 그는 정치적 '자율'을 '포르투나(fortina)'와 '비르투(virtu)'의 관계로 설명하고 있습니다. 원래 포르투나(운명)는 인간의 자율성을 가장 위협하는 핵심 존재입니다. 그렇다고 인간이 도전할 수 없는 절대 불변의 신의 섭리나 질서도 아닙니다. 다만 운명은 여성이어서 예측할 수 없고 변덕이 심해 다루기 어렵지만, 인간의 권능과 개입을 통해 변화시킬 수 있는 존재입니다. 반면 비르투는 운명의 권능에 대항할 수 있는 남성적인 용감함, 대담함, 활력 또는 역량을 나타내며 운명의 여신과 짝지어 나타납니다.

따라서 그는 운명(포르투나)이란, 우리 행위의 상당 부분을 주재하지만 대략 나머지 반은 우리 자신의 통제와 역량(비르투)에 달려있다고 합니다. 이에 대해서는 「군주론」 25장에서 매우 상징적으로 표현하고 있습니다.

"나는 운명은 가변적인데 인간은 유연성이 없기 때문에 자신들의 처신 방법이 운명과 조화를 이루면 성공하고, 그렇지 못하면 실패한다고 결론짓겠습니다. 하지만 저는 신중한 것보다는 과감한 것이 더 좋다고 분명히 생각합니다. 왜냐하면, 운명의 신은 여신이고 만약 당신이 그 여자를 손아귀에 넣고자 한다면 그녀를 거칠게 다루는 것이 필요하기 때문입니다. 그리고 그녀는 냉정하고 계산적인 사람보다는 과단성 있게 행동하는 사람들에게 더욱 매력을 느끼는 게 분명합니다. 운명은 여신이므로 그녀는 항상 젊은 사람들에게 이끌립니다. 왜냐하면, 젊은 사람들은 덜 신중하고, 보다 공격적이며, 그녀를 더욱 대담하게 다루기 때문입니다."

　마키아벨리는 국가 이익과 그 실현을 위한 특수한 정치적 상황에서는 사적인 윤리 규범이 적용되지 않는다고 강조했습니다. 아울러 인간이 도전할 수도 벗어날 수도 없는 기독교의 신적 질서도 더 존재하지 않습니다. 역량 있는 정치 지도자는 다루기 어렵지만, 매력적인 여성을 과단성 있게 사로잡는 남성처럼 정치 상황을 타개해야 합니다. 그는 인간의 본성과 국가의 본질을 파악하고 정치적 자율성 개념을 통해 현실적 대안을 제시했다는 면에서 현대인보다 더욱 현대적입니다.

　1987년 민주화 이후 정치에 대한 불신과 관심이 병존하고 기대와 실망이 교차하는 현상은 한국 정치의 부인할 수 없는 현실입니다. 이미 오래전에 노무현 대통령이 고백하였듯이 신자유주의로 인해 권력은 시장으로 넘어갔습니다. 시장 만능주의는 공공성을 파괴하고, 국가가 소수 권력 집단의 도구가 되어 민주주의를 위협합니다. 또 그 필연적 귀결인 극심한 양극화로 민생 경제는 피폐해지고 일방적 우월주의는 남북한 평화를 심각하게 훼손하고 있습니다. 그러나 이처럼 정치의 무력화와 퇴행이 초래하는 위기는 정치의 복원을 통해 경제에 대한 정치의 통제력을 다시 확보함으로써 풀어나갈 수 있습니다. 참여한 사람들이 공동 관리하고 운영하면서 정치가 회복되어야 정의와 복지, 평화로운 공동체의 미래가 가능해집니다.

| 맹진영 의원 의정활동 헤드라인 모음 |

동대문구민 79% "홍릉수목원 평일에도 완전 개방해야" (2015-07)

　서울시 동대문구민의 79%가 홍릉수목원을 평일에도 개방하는 것에 찬성하는 것으로 나타났다.

　맹진영 서울시의원(새정치민주연합, 동대문2선거구)과 서울시의회가 여론조사 전문기관인 '조원씨앤아이'에 의뢰해 지난 6월 27일부터 7월 15일까지 실시한 조사결과에 따르면 동대문구민은 79.0%, 일반 방문객은 66.0%가 평일에도 완전 개방을 해야 한다고 답했다.

전문가 심층 조사에서는 홍릉수목원 평일개방이 천장산 둘레 길이 완성되는 데 필수적인 요소로 보고 있으며, 수십 년 간 저 개발된 인근지역의 활성화를 가져올 것이라고 나타났다.

실제로 조사결과에서 수목원 개방이 지역경제 활성화에 '도 움이 될 것이다' 라는 질문에 응답자 절반 이상(65.3%)이 도움 이 될 것이라고 답했다.

맹진영 서울시의원은 "천장산의 경희대 지역은 지난해 둘레 길 시예산이 확보되어 있는 상태로 홍릉수목원 개방 관련 용역 이 마무리 되고 산림과학원과 경희대, 구청간의 협의가 이루어 지면 언제든지 둘레길 조성 공사가 가능하다. 이번 조사를 보면 지역주민들이 홍릉수목원의 완전 개방과 의릉에서 홍릉 수목 원까지 연결되는 천장산 둘레길 조성을 얼마나 간절히 원하는 지 알 수 있다." 며 홍릉수목원 완전개방과 천장산 둘레길 조성 을 위해 노력하겠다고 말했다.

맹진영 시의원 "2015 자랑스런 대한민국 大賞(지방의정부분) 수상 (2015-09)

맹진영 서울시의원은 지난 1일 국회 헌정기념관 대강당에서 대한국민대상위원회(대회장 안응모, 안중근의사숭모사업회장) 가 주최하고 엔디엔뉴스, 서울시티가 주관하는 2015 자랑스런

대한국민대상(지방위정부분)을 수상했다.

자랑스런 대한국민대상은 국내외 정치, 경제, 문화·예술, 스포츠, 기업경영, 자치행정 등 사회 각계각층에서 대한민국의 위상과 국격을 높인 인물에게 수여하는 상으로, 전국 광역의원 794명중 6명만이 수상하는 영예를 안았다.

맹진영 서울시의원은 "광복 70주년을 맞는 의미 있는 2015년도에 자랑스러운 대한민국 대상을 받은 만큼 상에 부끄럽지 않도록 천만 시민의 목소리를 귀 담아 들어 생활 밀착형 의정활동을 펼치겠다."고 소감을 밝혔다.

맹진영 의원, 9대 서울시의회 후반기 기획경제위원회 부위원장 선임 (2016-07)

 서울시의회 기획경제위원회 제269회 제1차 기획경제위원회 회의를 개최하여 맹진영 의원을 부위원장으로 선출했다.

 맹진영 부위원장은 더불어민주당 동대문구 제2선거구 출신으로 제9대 시의회 전반기 2년 동안 기획경제위원회에서 활동하였고 서울시농수산식품공사 주요 현안 조사 소위원회 위원장 등을 역임하였으며 소수의 의견도 경청하는 성격 등으로 주변 위원들의 높은 신망을 얻어 부위원장으로 선출되었다.

제1회 한여름 밤의 영화와 클래식, 우리 가족과 이웃이 함께하는
한여름 밤의 추억 만들기 (2016-08)

 동대문구가 마련한 '제1회 한여름 밤의 영화와 클래식' 이 20
일 주말에 한줄기 시원한 바람이 그리운 저녁 한국외대 운동장
에서 내빈과 구민 천여 명의 관객이 참여한 가운데 행사를 성대
히 마쳤다. 이번 행사는 동대문구가 주최하고 서울시가 후원하
였다. 맹진영 시의원의 도움으로 서울시 보조금을 지원받아 행
사가 진행되었다.

 "올해를 시발점으로 내실 있는 문화 행사로 발돋움할 것이며
휘경, 이문동 지역의 문화발전과 더불어 동대문구 전체의 문화
향상에 기여하겠다"고 맹진영 시의원은 밝혔다.

시민의 재산권 보호와 주민을 위해 재정비촉진계획 변경안 통과 (2016-10)

맹진영 시의원은 지난 9월 27일 진행된 제11차 도시재정비위원회에서 동대문구 이문 · 휘경 재정비촉진계획 변경(회기지구 단위계획 재정비)안이 제10차 도시재정비 위원회의 심의 의견 사항을 반영하여 수정 가결되었다고 밝혔다.

또한, "그동안 지구단위계획 지역으로 지정되어 개인의 재산권이 침해되어 피해를 보았던 지역주민의 염원이 수용된 것에 대하여 지역주민과 함께 환영하며, 앞으로도 서울시 행정이 시민의 재산권 보호와 공공의 이익이 서로 조화롭고 균형적이 되도록 노력하겠다"고 밝혔다.

맹진영 시의원, "지역사회와 함께 발전·봉사하는 서울시립대가 돼야" (2016-12)

맹진영 서울시의원은 지난 11월 11일부터 11월 24일까지 제271회 정례회 기획경제위원회 행정사무감사 실시기간 중 서울시립대학교를 대상으로 진행한 행정사무감사에서 서울시민의 세금을 지원받는 서울시립대학교는 지역사회와 함께 발전하는 대학교가 되어야 한다고 지적하였다.

맹 의원은 최근 박원순 시장의 등록금 전액면제 발언으로 학생들의 불만이 표출된 것을 예로 들며 "매년 많은 세금이 서울시립대학교에 지원되고 있지만, 적재적소에 사용되지 않아서 학생들이 불만을 가지고 있다. 적절한 예산배정으로 학교 내부 구성원들이 만족할 수 있는 학교가 되기 바란다"며 적절한 대책마련을 주문하였다.

또한 "앞으로 서울시립대학교에 창의적이고 글로벌한 학생들이 배출될 수 있는 학교문화가 정착될 수 있도록 학교구성원들이 노력하기를 바란다"고 말했다.

**맹 의원, 최선을 다해 지역구 학교의 부족한 교육시설 환경을 개선
시키다 (2017-01)**

서울시의회 기획경제위원회 부위원장 맹진영 의원이 지난 1
월 6일 휘경중학교의 숙원사업인 실내 체육공간 마련에 기여한
공로를 인정받아 학교로부터 공로상을 받았다.

그동안 휘경중학교는 실내체육 공간의 부족으로 학생들이 제
대로 된 실내 체육활동을 하는 데 어려움이 많아 학교스포츠클
럽과 동아리 활동을 위한 공간 마련이 학생들의 오랜 바램이었
다. 지난 2015년에 휘경중학교는 7월과 12월에 서울시교육청에
지역교육 현안사업 특별교부금 3억 1천만 원을 신청했었으나
배정받지 못했었다. 이러한 사정을 알게 된 맹진영 시의원이 교
육청 담당자들과 여러 차례 협의하는 등 큰 노력을 기울였다.

맹진영 서울시의원은 "이번에 신축한 역사홍보관이 학생들의
학교에 대한 자부심을 높이고, 행복나래 체육실이 학생들과 지

역주민의 생활체육 활성화를 위한 공간이 되기를 바라며, 지역구 학교들의 부족한 교육시설 환경 개선을 위해 올해도 최선을 다하겠다" 말했다.

2016회계연도 결산검사 대표위원으로 위촉 (2017-03)

맹진영 서울시의회 기획경제위원회 부위원장이 3월 13일 2016회계연도 결산검사위원 위촉식에서 대표위원으로 선임됐다. 맹진영 대표위원은 위촉식에서 "결산검사는 편성된 예산의 집행결과에 대하여 관련 법령과 지침에 따라 작성한 결산서를 서울시민의 시각에서 검사하고 잘못된 집행이 있을 시 발전적 의견을 제시하여 내년 예산편성에 반영하는 것에 목적이 있다"

고 말했다.

대표위원으로서 결산검사위원으로 위촉된 시의원과 민간위원에게 "지난 2016년이 대통령탄핵으로 정치적으로 격동기였고 경제적으로도 어려웠던 시기인 만큼 그 어느 해보다 꼼꼼하게 결산서를 검사하여 향후 서울시민의 세금이 낭비되지 않도록 결산검사위원들이 노력해 달라"고 당부하였다.

감독과 통제를 위한 조례개정이 필요 (2017-05)

맹진영 서울시의회 결산심사 대표위원은 "서울시는 민간보조금이 부적격자에 교부되지 않도록 지원이력 등을 체계적으로 관리해야 하며, 장기화한 시비보조금 반환금의 체납금 환수를 위해 적극적인 조치가 필요하다"고 주장하였다.

"민간보조금 규모가 1조 4,930억에 이르고 있음에도 이에 대한 성과평가결과 보고규정이 마련되어 있지 않아 민간보조금 사업성과에 대한 서울시의회의 감독 및 통제가 곤란하였지만 앞으로 관련 조례를 개정하여 민간보조금 교부 및 관리에 대한 감독과 통제가 이루어지도록 할 필요가 있다"고 강조하였다.

지역문제를 고민하여 이웃과 함께 해결할 수 있는 주민 생활자치 실현이 필요 (2017-05)

서울시의회 맹진영 의원은 26일 금요일 오후 5시에 서울시립대학교 자연과학관 2층 국제회의장에서 "지방자치발전을 위한 지역공동체의 역할"이라는 주제로 토론회를 개최한다.

맹진영 서울시의원은 "동대문구는 공동체적인 정서가 풍부한 지역으로 오래전부터 주민공동체가 활발한 활동을 하는 지역이며, 주민자치에 대한 참여의지도 높은 편이다. 이번 토론회가 올바른 지방자치발전과 주민자치실현에 출발점이 될 수 있도록 심도 있는 의견과 토론이 많이 제시되기를 희망한다"고 했다.

맹진영 시의원, 전국시도의장협의회 우수의정대상 수상 (2017-07)

서울특별시의회 기획경제위원회 부위원장 맹진영 서울시의원은 17일 전국시도의회의장협의회가 주최하고 대전시 유성구 호텔 ICC 크리스탈볼룸에서 열린 '제4회 우수의정대상' 시상식에서 수상의 영예를 안았다.

맹진영 의원은 서울시의회 기획경제위원회 부위원장으로 활동하면서 서울시 행정에 대한 날카로운 지적과 대안제시로 서울시 행정의 발전과 개선에 크게 기여한 공로를 인정받았기 때문이다. 또, 맹 의원의 의정활동이 다른 지방자치단체 의원들의 모범이 되고 있으며, 기획경제위원회 부위원장으로서 시의원들과 공무원들의 가교역할을 통해 상임위원회가 제 기능을 다할 수 있도록 노력하였음을 인정받았다.

맹진영 서울시의원은"이번 의정대상 수상을 계기로 서울시민을 위한 의정활동을 더욱 열심히 하겠다"며 개인의지를 표명했다.

지방공기업 평가권의 지방이양과 서비스수혜자 중심 평가 시스템 구축 필요 제시 (2017-07)

맹진영 의원은 토론 패널로 참석하여 "현행의 지방공기업, 출자·출연기관에 대한 평가제도는 행정자치부의 지방에 대한 부당한 통제와 간섭이며, 경영평가지표와 평가자료 활용 등 다양한 문제점을 내포하고 있다"고 언급하였다.

아울러, 지방공기업 경영평가 개선방안으로 ▲지역의 상황에 맞는 특색 있는 행정서비스 제공과 경쟁을 통해 시민의 편익을 증진하도록 행정자치부의 지방공기업 경영평가권을 지자체로 이관, ▲현재 지방공기업 경영평가 기관인 지방공기업평가원도 시·도지사 협의회 내지 나아가 서울시의회의장으로의 이관 검토, ▲시민안전강화 등 경영평가 지표를 서비스의 직접적인 수혜자 중심으로 구성, ▲매년 실시되는 경영평가로 인한 행·재정적 부담을 최소화하는 평가시스템 구축 필요성을 제시하였다.

끝으로 "서울시민의 세금으로 운영되는 기관은 납세자인 시민에게 경영성과를 공개하고, 평가받을 수밖에 없으나, 공공기관이 갖는 특성을 고려한 합리적인 평가제도를 갖추어야 하며 이에 대한 충분한 논의와 토론이 필요하다"고 밝혔다.

맹진영, 한중국제영화제 서울시특별위원회 위원장 위촉 (2017-09)

맹진영 서울시의원은 9월 4일에 개최된 한중국제영화제 성공을 위한 서울시의원 기자 간담회에서 한중국제영화제 조직위원회로부터 한중국제영화제 서울시특별위원회 위원장으로 위촉되었다.

　한중국제영화제 서울시특별위원회 위원장으로 위촉된 맹진영 의원은 "한중국제영화제는 현재 사드문제로 주춤하고 있는 한국과 중국 간의 관계를 문화교류로 풀 수 있는 계기가 될 수 있다는 점에서 의미가 있다"고 말하며 "이번 제1회 영화제의 성공적인 개최로 향후 영화제가 한중간에 큰 가교 구실을 할 수 있도록 적극적으로 지원하겠다"고 약속했다.

맹 의원, 건립비용 14억 5,900만 원을 전액 서울시에서 지원 노력 (2017-11)

　휘경마을 주민공동체 이용시설은 지난 2012년 5월 주거환경관리사업 대상 후보지로 선정되면서 사업을 추진하였으나, 사

업의 성격과 활용방안에 대해 이견을 많아 사업이 오랫동안 지연되었다.

그러나 맹진영 의원의 노력으로 2015년 8월 실시설계용역을 실시하고 2016년 7월 공동이용시설을 착공하면서 사업추진이 이루어졌다. 공사 중간 지하 1층 암반 제거 등으로 인한 설계변경으로 난항을 겪기도 했으나 초록빛 휘경마을 공동체조합과 맹진영 시의원의 노력으로 10일 개관식을 하게 되었다.

맹진영 의원은 축사에서 "낙후된 주거시설이 밀집된 휘경동에 미래지향적 주민공동이용시설이 건립되어 주민과 대학생이 함께 어우러지는 주거공동체를 실현하게 되었다. 휘경마을이 서울시의 미래 주거시설을 제일 먼저 시작하게 된 것을 진심으로 축하한다" 며 초록빛 휘경마을의 건립을 축하하였다.

맹 의원이 직접 학생들을 찾아 동대문구의 희망을 전한 이야기 (2017-12)

"전동중 학생들이 서울시의회 방문을 통해 지방자치의 중요성과 필요성에 대한 이해를 높이고 동대문구의 미래를 책임지는 희망의 학생들이 되기를 바랍니다"

맹진영 서울시의원은 12월 7일 서울시의회 본회의장을 방문한 동대문구 휘경2동에 소재하고 있는 전동중학교 1학년 학생 140여 명을 직접 만나서 전한 이야기다.

동대문구 휘경2동을 지역구로 두고 있는 맹진영 시의원은 환영사를 통해 "동대문구 미래의 희망인 전동중학교 학생들의 교육환경 개선과 학생지원 확대 등을 통해 적극적으로 지원할 예정이므로 학생들도 자신의 꿈과 희망을 품고 꿈꾸는 미래에 다가갈 수 있도록 최선을 다하기를 바란다"고 격려했다.

| 2018년 맹진영 의원 의정보고서 |

더불어민주당

지역발전 예산 1,014억원 (4년간)!
학교지원 예산 약 136억원 (4년간)!

참된 일꾼! 맹진영이 있습니다

**동대문의 희망,
교육이 최우선입니다!**

학교시설 및 교육환경 개선
약 136억원의 예산 확보!!
(최근 4년간)

· 휘경중 체육관 및 홍보관 3.6억
· 휘경초 화장실 보수 1.35억
· 휘봉초 수목이식 및 방수 1.1억
· 휘경여중 학교 소운동장 설치 1.57억
· 휘경여고 체육관 계단 및 방수공사 3.4억
· 경희여고 석면제거 4억
· 경희여중고 강당 설개비 2억
· 경희중고 학교 공원화 사업 1.3억
· 전농중 강당 및 학생 식당 신축 34억
· 이문초 유치원 증설 2.8억

모두가 살기 좋은 동대문

신이문역 주변 환경 개선
· 신이문역 1,2번 출구 에스컬레이터 설치 및 주변
보행환경 개선 12.5억
· 신이문역 4번 출구 생활권 공원 녹지 조성 9억
· 흥명공업사 부지 주차장 및 복지센터 건립 70억
· 이문고가 하부 공간 활용 주민 편의시설,
체육 시설 설치 사업 10억

마을 공동체 조성 사업
· 휘경동 지하보도 주민공동체 공간 조성 4억
· 휘경동 286번지 일대 주거 환경 관리 사업 5.75억
· 휘경동 휘경마을 주민공동체 시설 및 두레 주택 14.59억

아름다운 힐링도시 동대문

배봉산을 푸르고 아름답게!
- 배봉산 둘레길(2단계 ~ 4단계) 예산 45억
- 배봉산 정상 해맞이 공원 조성 21억
- 토착수종 식재 및 도시숲 복원 5억

중랑천을 시민의 품으로!
- 중랑천 생태 복원 및 녹화사업 9.5억
- 중랑천 수목 식재 및 체육, 편의시설 11.5억
- 중랑천 단절 산책로 연결 및 녹지량 확충 6.6억
- 중랑교 옆 자원 재활용 센터 공원화 사업 2.5억

안전하고 편안한 동대문

교통 편의 시설
- 경재교 건설 및 이화교 보수 공사 30억
- 시조사 삼거리 도로 확장 공사 34.8억

홍릉바이오 허브단지 조성
- 회기동 바이오 허브 조성 사업 454억
- 지역 주민을 위한 뉴딜 일자리 사업 10.42억

시민 안전 시설
- 신이문 빗물 펌프장 시설 용량 증대 25억
- 회기동, 이문1,2동, 휘경1,2동 상하수도 공사 32.9억
- 휘경동 저지대 침수 방지를 위한 시립대 빗물 저류조 사업 30억

맹 진 영 서울특별시의회 의원

- 전남 해남 출생, 광주서석고 졸업
- 성균관대학교 정치학과 학사, 석사 졸업
- 서울시립대학교 행정학과 박사과정 수료
- 현) 서울시 기획경제위원회 부위원장
- 현) 서울특별시 경제민주화위원회 위원
- 현) 서울시립대학교 운영위원회 위원
- 전) 서울시 결산검사 위원회 대표위원
- 전) 한국공공관리학회 기획위원장
- 전) 서울시의회 11기 정책연구위원회 위원
- 전) 서울시의회 1기 더불어민주당 정책부대표
- 전) 서울시의회 운영위, 예결위 위원
- 전) 안규백 국회의원 비서관
- 전) 월드리서치 연구원

연구실 : 서울특별시의회 의원회관 722호
Tel : 02) 3783-1621~3, Fax : 02) 3783-1624
E-mail : mjytop@hanmail.net

우리 사회와 공동체의 미래는 이미 주어진 것이 아닙니다. 항상 변화합니다. 참여한 사람들이 민주적 가치관과 원칙에 따라 소통하며 스스로 미래를 결정하고 함께 만들어가야 합니다. 이상적인 소통상황은,

첫째, 서로 이해 가능해야 합니다.

둘째, 주관적으로 진실해야 합니다.

셋째, 객관적으로 진리이어야 합니다.

넷째, 사회적으로 정당해야 합니다. 그러나 현실은 이상적인 소통상황과는 거리가 멉니다. 그래서 민주주의 원칙은 소수의 견을 존중하면서 다수결의 원리를 채택하고 있습니다. 한 사람의 의견보다 다수의 집단 지성이 더 나은 선택을 할 가능성이 높습니다.

더 나은 미래를 위해 토론하고 숙고하는 숙의 민주주의가 필요한 이유이기도 합니다. 그러나 과학적 진리의 문제나 이해관계의 상충과 갈등은 다수결 원칙만으로 해결할 수가 없습니다. 개인과 집단 간의 대립, 공동체의 미래 등 사회적 문제는 소통하고 경청하며 공동체와 사회 공공의 목적에 부합하도록 공동의 비전을 만들어 실천해야 합니다.

최선의 방안이 없다면 차선이라도 참여한 사람들이 충분히 이해할 수 있도록 설명하고 설득해야 합니다. 소통의 실패는 막대한 갈등비용과 집행의 지연을 낳습니다. 원래 민주주의는 소란하고 비효율적인 측면이 있습니다. 그러나 충분히 토론하고 논의한 후에 참여한 사람들의 결정에 승복해서 함께 실천하고 더 나은 방안을 마련하기 위해 노력해야 합니다. 이런 점에서 정치는 참여한 사람들의 공동 관리, 운영라고 할 수 있습니다. 저는 4년 전 시의원에 출마할 때 지역주민에게 여러 가지 공약을 했습니다.

첫째, 저의 교육사업 경험을 바탕으로 안전하고 차별 없는 교육 환경을 조성하고, 학부모와 지역구민을 대상으로 평생학습 강화를 약속했습니다.

4년 동안 지역 학교에 약 136억 원의 예산을 확보해 학교 시설을 개선하고 학습 프로그램을 지원하였습니다. 지역구민을 위한 인문학 강좌를 위해 시민대학 활성화에 노력하고 시립대 운영위원과 시민대학 운영위원으로 활동하였습니다. 지역대학 과의 협력사업에 노력하면서 시립대가 주민에게 도서관과 시설을 개방하도록 하였습니다.

지역 교육 발전에 열의가 높은 유덕열 구청장과 긴밀히 협조하여 동대문구가 혁신교육 우선 지구로 지정되도록 하였고 교육발전 협의회 구성 등 다양한 교육 네트워크 구축하였습니다. 학부모와 학생들을 위한 진로진학 지도 강좌는 물론 상시적인 상담이 가능하도록 진로진학 센터도 신설하였습니다.

경희대 후마니타스 칼리지와 지역 주민이 함께 참여하는 지역 축제도 정기적으로 개최하고 있습니다.

둘째, 우리 지역이 교통의 요지로서 기능을 회복할 수 있도록 약속하였습니다. 청량리역까지 분당선을 연장하고 경춘선 출발역을 청량리역으로 환원을 공약하였습니다.

지역주민과 함께 청량리~망우역 2복선화 계획에 대해 감사원을 감사를 청구하고 서울시와 협의하여 제3차 국가철조망 계획에 청량리~망우역 2복선화 계획을 확정하였다.

안규백 국회의원의 도움으로 경춘선 출발을 청량리에서 1일 13회 이상 증설하였습니다. 아울러 2018년 하반기에 분당선을 청량리까지 연장하고 외대역은 신축 수준으로 개축할 예정입니다. 신이문역은 주변 인도를 확장하여 개선하였고 1, 2번 출구에 에스컬레이터를 신설하고 4번 출구에는 마을 공원도 개설할 예정입니다.

신이문고가 하부는 체육시설이나 주민 친화적 시설을 설치할 예산을 확보하였고 신이문역 홍명공업사 부지는 202억의 예산으로 2019년까지 지하 주차장과 복지시설이 신축될 예정입니다.

셋째, 동대문 대학가와 홍릉 주변에 문화의 거리 조성과 배봉산과 천장산 둘레길 완성을 약속하였습니다. 농촌경제연구원 부지에 서울 바이오허브가 개관하였고 별관동을 신축하여 지역 열린동으로 주민에게 개방하도록 하였습니다.

회기로 일대를 문화과학의 거리로 지정하여 올해에는 회기역에서 경희대 삼거리 구간 전신주 지중화 사업을 진행합니다. 배봉산 둘레길과 정상의 해맞이 공원 조성은 2018년에 완성할 예정입니다.

천장산 둘레길 조성 등은 예산을 확보하였으나 관계 기관의 비협조로 완성되지 못했으나, 산림과학원과 연계한 방식으로 재추진 중입니다.

넷째, 주민 중심의 주거환경 개선을 추진하겠다고 약속했습니다. 이문로, 회기로 주변 지구단위 계획 변경으로 주민의 재산권을 행사하기 쉽도록 하였고 재개발 반대가 많았던 이문2구역 재개발은 해제하였습니다. 안규백 국회의원의 배봉산 정상 군부대 이전으로 배봉산 주변 동성빌라 고도지구 완화와 재개발도 진행하고 있습니다.

다섯째, 일자리 창출과 희망찬 지역 공동체를 조성하겠다고 하였습니다. 상임위 활동을 하면서 최우선 과제로 일자리 창출에 노력하였습니다. 서울시 뉴딜 일자리 예산 확대와 중소기업과 소상공인 지원과 사회적 경제 지원, 복지 시설 확충에도 지속적으로 노력하였습니다.

지역공동체 활성화를 위해 지역의 직능 단체와 향우회, 산악회, 동호회나 생활 체육회 행사 등에 꾸준히 참여하면서 다양한 네트워크를 활성화하기 위해 노력하고 있습니다. 지역의 희망 포럼이나 동호회의 회원으로 참여하면서 정기적인 모임이나 강연, 공연 등을 개최하며 다양한 네트워크를 통해 지역주민과 소통하고 있습니다.

휘경2동 마을재생 사업을 진행하고 마을공동체 회관을 건립하였다. 방치되고 있던 휘경 지하보도를 주민들이 사용할 수 있는 마을공동체 공간으로 조성하였다. 약속한 공약을 지키기 위해 최선을 다했습니다.

　서울시민의 삶의 질 향상과 동대문 지역 발전을 위해 시의원으로 선출해주신 지역구민에게 부끄럽지 않도록 열심히 노력해 왔습니다.

　지방의원은 임기가 정해진 특수경력직 공무원입니다. 저를 선택하고 지지해준 지역구민과 서울시민이 저의 고용주입니다. 이들은 주권자로서 저에게 권한을 위임해 서울시정에 참여하여 공직을 수행할 기회를 주셨습니다.

　이제 지지해주신 지역구민과 시민의 뜻을 받들어 신세 진 모든 분들에게 부끄럽지 않은 의정활동이 되도록 최선을 다하겠다는 의지를 다시 한번 다져 봅니다.

MEMO

MEMO

정치적 상상력

초판 1쇄 인쇄 2018년 2월 23일
1쇄 발행 2018년 2월 28일

지은이   맹진영
발행인   이용길
발행처   MOABOOKS 모아북스

관리   양성인
디자인   이룸

출판등록번호   제 10-1857호
등록일자   1999. 11. 15
등록된 곳   경기도 고양시 일산동구 호수로(백석동) 358-25 동문타워 2차 519호
대표 전화   0505-627-9784
팩스   031-902-5236
홈페이지   www.moabooks.com
이메일   moabooks@hanmail.net
ISBN   979-11-5849-064-5   03340

MOABOOKS 모아북스 는 독자 여러분의 다양한 원고를 기다리고 있습니다.
(보내실 곳 : moabooks@hanmail.net)